KB164913

자랑스러운 엄마
×
행복한 여자
×
당당한 나로
×
새 출발한 이야기

내가 싱글맘이 될 줄은 정말 몰랐습니다

김솔빈(솔선수빈) 지음

나비의 활주로

싱글맘 여러분,
저와 함께 행복을 찾아 떠나보실래요?

"이혼을 꼭 해야겠니? 그렇다면 아직 젊으니까 너의 새로운 삶을 위해서라도 아이는 아빠에게 보내고 너도 다시 시작해!" 이혼을 하겠다고 하니 반대를 하시다가 저의 굳은 의지를 보시고는 제일 먼저 엄마가 하신 말씀입니다.

처음에는 어떻게 저런 말씀을 하시지 싶었죠. 하지만 지금은 그 깊은 뜻을 헤아리고 있습니다. 저희 엄마도 남편의 가정폭력에 못 이겨 이혼하셨고 저와 동생을 10년이 넘도록 홀로 키우셨기에, 손녀가 너무 예쁘고 사랑스러워도 딸의 남은 인생을 위해 가슴을 치면서 말씀하셨다는 사실을 말이지요. 하지만 이혼을 할까 말까 고민하던 와중에도 딸아이와 따로 떨어져 산다는 생각은 단 한 번도 해본 적이 없었기 때문에 그런 제안은 단칼에 거절했습니다.

　요즘에는 이혼 절차를 진행하면서 '아이를 서로 키우지 않겠다'며 싸우는 부모가 훨씬 많다고 해요. 이혼을 결정하고 진행하는 과정에서 얼마나 많은 고민을 했고, 상처를 받으며, 힘든 시간을 보냈을지 너무도 잘 압니다. 그런데 그렇게 힘든 과정을 거쳐 얻은 새로운 삶, 모두가 만족하며 지내고 있을까요? 모든 분들이 그렇다고 대답할 수 있다면 얼마나 좋을까요. 아쉽게도 그러지 못한 분들도 꽤 많은 것 같습니다.

　협의이혼을 통해 혹은 이혼소송을 통해, 아니면 급작스러운 남편의 사망에 의해 싱글맘이 된 분들도 있겠지요? 어떤 이유가 되었건 사랑하는 우리 아이들의 삶까지 책임져야 하는 한 가정의 가장이 되었어요. 우리는 새로운 인생의 첫 시작과 동시에, 나에게 닥쳐온 현실과 싸우면서 아이와 함께 시간도 보내야 하고, 앞으로의 미래도 혼자 헤쳐나가야 하죠.

　사람들이 요즘 제게 말합니다. 당신이니까 할 수 있었던 것이라고요. 정말로 감사한 말이지만 사실이 아닙니다. 사실 저도 이혼을 한 후 꽤 많은 시간 방황과 어려움을 겪었어요. 하지만 이겨내기 위해서 많은 노력을 했지요. 왜 이겨내고 싶었냐고요? 지나간 과거는 훌훌 털어버리고 지금보다 나은 제 미래를 위해서요.

　당신도 제가 했던 방법들로 상처를 이겨낼 수 있습니다. 본인 스스로의 의지만 있다면요. 솔직히 제가 했던 방법들이 생각보다 쉽지만은 않은 과정일 수도 있어요. 가끔은 포기하고 싶은 순간도 있을 것이고요. 그렇다고 해도 제가 이 책에 공개한 노하우를 바탕으로 하나씩 해나가다 보면 자신도 모르는 사이에 과거는 잊고 하루하루를 보다 충실하게 살아갈 수 있을 것이라고 자신 있게 말씀드려요. 저조차도 이혼 당시에는 제가 이렇게 멋지고 행복하게 살아갈 수 있을 줄은 상상도 못 했거든요.

그러다 보니 앞으로 말씀드릴 모든 노하우들이 처음부터 누군가에게 알려주기 위해서 했던 행동이나 생각은 아니었어요. 단지 과거보다는 밝은 미래를 살고 싶은 저의 바람을 행하기 위함이었지요. 그리고 모든 엄마들의 바람이겠지만 저도 아이에게 자랑스럽고 행복한 엄마의 모습을 보여주고 싶었어요. 그렇게 시작한 것들이 모여서 지금의 제가 될 수 있었고, 저의 변화된 모습을 본 주변 분들이 저에게 묻기 시작하더라고요. "어떻게 이렇게 변할 수 있었던 거야?"

처음에는 빈말인 줄 알았어요. 하지만 그렇지 않았어요. 정말로 궁금해하시는 것 같더라고요. 요즘 주변에 싱글맘으로 살아가는 이들이 사실 꽤 많은데, 저처럼 이렇게 긍정적으로 변하는 사람은 처음 보신다고요. 이를 계기로 제가 겪어낸 것들이 다른 싱글맘들에게도 꼭 필요한 과정이라는 사실을 알게 되었답니다. 그렇게 〈싱글맘학교〉가 탄생하게 되었고, '어떻게 하면 한 분이라도 더 많은 사람들에게 나의 이야기가 전달될 수 있을까?'라는 고민 끝에 이 책을 쓰게 되었답니다.

자, 이제 저와 함께 행복을 찾아 떠날 시간입니다. 진심으로 책을 읽고 난 후 당신의 마음속 깊은 곳의 상처가 조금이라도 치료되길 바랍니다. 준비되셨나요? 지금 바로 출발합니다.

차례

내가 싱글맘이 될 줄은
정말 몰랐습니다

이혼, 나와
상관없는 일인 줄만 알았다。

　아이가 성인이 되기 전 부부가 서로 헤어지는 이야기. 이런 소재는 드라마나 영화에서 자주 볼 수 있을 만큼 흔하게 있는 일이다. 게다가 우리나라의 이혼율이 전 세계 1위라는 사실도 알고 있었다. 그래도 나는 그러지 않을 줄 알았다.

　나는 결혼하기 전 이혼을 절대 하지 않을 생각이었기에 아무리 이혼율이 높다고 해도 개의치 않았다. 서로 아끼고 사랑하며 행복하게 살아갈 자신도 있었다. 그랬던 나였기에 많은 사람들 앞에서 결혼식도 할 수 있었고, 아이도 별걱정 없이 낳을 수 있었다. 하지만 결과적으로 난 이혼을 했다. 그 이유에 대해서 어떤 사람들은 그저 '사람 보는 눈이 없어서 그런 것'이라고 말하기도 하고, 또 '참을성이 부족해서 그런 것'이라고 말하기도 한다. 솔직히 말해서 크게 틀린 말은 아닌 것 같다. 지금 나의 상황을 제삼자의 입장에서 바라본다면 이렇게 생각하는 마음도 충분히 이해가 되기 때문이다.

이혼을 하기 전까지는 이혼한 사람들을 지금의 나처럼 좋은 시선으로만 바라보지 않았다. 이혼은 나의 인생이 실패했음을 인정하는 일이라고 여겼고, 상대방에게 치명적인 단점이 있지 않는 한 분명 어떠한 큰 결격사유가 있을 것 같았다. 그랬던 내가 이혼을 했고 싱글맘이 되었다. 나 또한 한부모가정에서 성장해 이런 가정환경은 더더욱 아이에게 물려주고 싶지 않았다. 그렇게 남의 집 이야기인 줄만 알았고, 남의 집 이야기이기만을 바랐지만 결국, 내 이야기가 되었다.

세상에는 본인이 경험하지 않고서는 알 수 없는 일들이 꽤 많은 것 같다. 그렇게 상대방을 이해할 수 있는 나만의 경험이 생기면 그제야 잘 모르면서 함부로 말했던 지난날을 반성하게 된다. 앞으로 내가 살아보지 않은 삶을 내 기준에서 판단하는 일은 최대한 삼가야겠다고 또다시 다짐한다. 이런 나의 상황을 바라보면서 알 수 있는 것이 있다. 아무리 우리나라의 이혼율이 높다 한들 사랑하는 사람과 결혼을 하기로 결정하는 순간에는 '우리도 언젠가 이혼을 할 수도 있을 것이다!'라고 생각하는 사람은 거의 없을 것이라는 사실이다. 물론 아주 드물게 결혼을 준비하는 중에 앞으로의 결혼생활에 굉장히 많은 다툼이 있을 것을 예상하고 빠른 판단력으로 파혼을 하는 아주 현명한 이들도 있다.

지금 생각해보면 결혼 준비를 하는 중 생기는 여러 가지 에피소드는 앞으로 다가올 결혼생활의 복선을 의미하는 것 같다. 그때 서로가 맞지 않는다는 것을 느꼈다면 이혼이 아닌 파혼으로 헤어지는 것이 낫지 않은가? 여러 가지 에피소드를 겪으면서 이미 서로의 사이가 심상치 않음을 느꼈음에도 불구하고 끝까지 헤어지지 않는 부부들이 더 많은 것이 지금의 이혼율을 높이는 데 어느 정도 영향을 주지 않았을까 싶다. 이 또한 그들의 잘못은 아니다. 그것이 복선임을 몰랐을 수도 있고, 사랑으로 충분히 이겨낼 수 있다고 믿었을 수도, 시간이 해결해줄 것이라고 생각했을 수도 있다.

결혼 준비 과정에서 많이 싸웠다고 한들 결혼식을 올리는 순간에도 '우리는 이혼할 확률이 다른 부부들보다 높겠구나!'라고 생각하는 사람이 과연 있을까? 결혼 준비 과정에서 별 탈 없이 순탄했던 부부도 마찬가지다. 처음 결혼을 하기로 마음먹었을 때 '과연 잘 살 수 있을까?' 하는 불안함은 충분히 있었을 수 있지만, 결혼식을 올리는 순간에도 '너와 나도 잘못하면 이혼할 수 있는 사이일 것이다!'라고 생각하는 사람이 과연 있을까? 물론 있을 수는 있겠지만 대개 그렇지 않다는 것이다.

아무리 이혼율이 높다고 해도 내가 하는 결혼은 '이혼으로 갈 일이 절대 없다'는 생각을 하는 것이 지극히 정상적이다. 나 또한 일찍 결혼했다고 해서 성급하게 사람을 판단했던 것도 아니었고, '일찍 결혼하면 이혼율이 더 높다'는 주변의 의견에도 나는 그러지 않을 것이라는 확신이 있었다. 빨리 결혼하고 싶었기에 나의 목표에 맞는 나만의 기준들이 존재했다. 그렇게 나만의 조건에 딱 맞는 남자를 찾고 있었던 찰나, '이 사람이다!'라는 생각이 드는 사람이었다. 그때까지만 해도 전남편은 나에게 일찍부터 평범하게 행복한 가정을 꾸려나가고 싶다는 꿈을 실현시켜줄 수 있는 '최고의 신랑감'이라고 자부했다. 결혼을 꿈꾸게 된 이유는 아주 평범했다. '나도 남들처럼 평범한 가정을 이루고 싶다.' 이게 다였다.

내가 한부모가정에서 성장한 점이 내 약점이라고 생각했던 것 같다. 어린 시절, 왜 그런 생각을 하게 되었을까? 엄마는 나에게 충분한 사랑을 주셨고, 엄마의 이혼을 부끄럽다고 생각한 적이 없음에도 불구하고 나는 왜 그런 생각을 했을까? 고민에 고민을 거듭한 결과 내린 결론은 이렇다. 어쩔 수 없는 상황에서 억울하게 내가 평가당하거나 그것으로 인해서 나와 엄마를 편견 어린 시선으로 바라보는 일이 생길수록 '나는 정말 행복하고 평범한 가정을 꾸릴 거야'라는 욕구는 더욱 강해졌던 것 같다.

지금이야 이혼이 정말 별것 아닌 세상이 되었지만, 그때 당시에 이혼한 여자를 바라보는 시선들은 굉장히 부정적이었다. 보통 친구 집에 놀러 갔다가 친구 부모님을 만나거나 어쩌다가 우연히 인연이 된 사람들이 아무렇지 않게 자주 묻는 질문이 있었다. "엄마는 뭐 하시니? 아빠는 뭐 하시니?"

솔직히 이런 질문을 하는 것이 잘못된 것은 아니었다. 내가 이 세상에 존재할 수 있었던 이유는 엄마와 아빠가 다 있었기 때문이니까. 순진한 나는 나의 상황을 숨기지 않고 항상 솔직하게 대답했다. "저의 부모님은 얼마 전에 이혼을 하셨고요, 저는 다행히도 엄마랑 같이 살아요. 저희 아빠가 자주 때렸거든요. 엄마가 많이 고생하시다가 이제야 해방되셨어요."

철없던 나는 모든 사람들이 나의 이야기를 안타까워하고 격려해줄 줄 알았다. 하지만 생각했던 것과 다르게 사람들마다 반응은 다 제각 각이었다. 나의 예상대로 매우 안타까워하며 더는 물어보지 않는 사람도 있었고, 질문의 의도는 다 달랐겠지만 "언제부터 같이 살지 않았어? 지금 아빠는 어디에 계셔?" 등등 궁금한 것을 왕창 물어보는 사람도 있었다.

나의 대답을 듣고서 돌아오는 반응도 모두 제각각이었다. 매우 안타까워하는 사람들도 있었고, 굉장히 불편한 마음을 숨기지 못하는 사람들도 있었다. 그때의 나는 어렸지만 아빠에게 조금이라도 덜 맞기 위해서 노력했었던지라 말하지 않는 상대방의 속마음을 읽는 것이 그렇게 어렵지 않았다. 그리고 그런 기분이 들 때마다 나는 더욱 열과 성을 다해서 왜 엄마가 이혼을 할 수밖에 없었는지, 얼마나 힘든 시간을 보냈는지 설명하며 속에 있는 감정이 사라지기를 바랐다. 그렇게 나의 설명이 끝나면 이제야 완전히 이해가 되었다는 듯 내가 원하는 대답이 나오곤 했다. 그런데 그런 상황이 자주 반복될수록 묘한 감정이 느껴졌다. 기분이 썩 좋지 않을뿐더러 내가 잘못하지도 않은 것에 대해서 주구장창 변명을 하고 있는 기분이 들었달까?

그러다 보니 '내가 이런 이야기를 굳이 하지 않아도 되는 방법은 없나?'라는 생각이 자연스럽게 들었다. 그렇게 엄마의 이혼이 화두가 되지 않기 위한 방법으로 떠오른 결론이 바로 '결혼'이었다. 아빠의 부재로 인해 발생한 위와 같은 상황 때문이었을까? 남들보다 열심히 살았음에도 불구하고 나의 바람과는 달리 굳이 하지 않아도 되는 경험들로 크고 작은 어려움이 자주 반복되었다.

여러 가지 상황 중에 중요한 사건 딱 한 가지만 언급한다면, 검정고시를 통해서 고등학교 졸업장을 취득했던 때다. 고등학교 2학년 때 나는 '전교 회장'이었음에도 불구하고 자퇴서를 낼 수밖에 없었다. 그렇게 학교를 나오게 되면서 아빠의 부재와 함께 변명해야 될 골칫거리가 또 생겨버렸다.

예상했던 대로 내가 왜 자퇴를 해야만 했으며, 검정고시는 왜 아직 못 치고 있는지(실제로 자퇴한 시기가 12월이어서 친구들이 졸업한 이후에 시험 응시자격이 주어졌다) 등등 사람들에게 나의 정당함을 인정받기 위해 매번 설명하기 바빴다. 보통 학교를 정상적으로 나오지 않으면 문제라고 생각하는 사람들이 많았기 때문이다.

지금 생각해보면 그냥 그러려니 하고 넘어갔어도 될 것 같은데, 그때의 나는 그렇게 생각하고 판단하는 사람들의 기준이 굉장히 억울하고 기분 나빴다. 어느 정도 예상은 했었지만 이 또한 겪어보니 참으로 귀찮은 일이었다. 상대방의 질문에 나의 상황을 있는 그대로 전해주고 있을 뿐인데 또 변명을 하고 있는 것 같은 기분이 들었다. 눈여겨보지 않아서 그렇지 실제로 비행 청소년이 아니어도 자퇴를 하는 경우가 생각보다 많다. 그럼에도 나 또한 당당하지 못했나 보다. '자퇴만 하면 소원이 없겠다!' 싶었던 시절을 새까맣게 잊어버린 채 살아가고 있었던 것 같다.

그렇게 나는 비슷하면서도 다른 고민을 반복하게 되었다. '어떻게 하면 내가 검정고시로 고졸 학력을 취득했다는 사실을 굳이 말하지 않아도 될까?' 자연스럽게 대학을 가면 고민이 해결될 것 같다는 생각이 들었다. 안 그래도 가고 싶었는데 더욱 가고 싶어졌다. 대학을 다니면 굳이 고등학교 이야기를 하지 않아도 될 것 같았기 때문이다. 결국에는 가지 않았지만 말이다.

난 이렇듯 어린 시절, 불안한 가정환경에서 자랐으며, 고등학교도 정상적으로 나오지 않았고, 이혼까지 한 싱글맘이다. 내 인생은 왜 이런 일만 반복되는 것일까? 세상이 너무 원망스러웠다. '엄마가 아빠 없이 키워서 그런 것이다'라는 소리를 듣게 하지 않기 위해서 노력했는데 하늘도 무심하시지 싶었다. 그런 나에게 사람들은 말한다. "당신이라서 그렇게 할 수 있었던 것이지요. 저는 못 해요! 나는 안 돼요!"

그때마다 속상하면서도 최악의 상황에서 이런 말을 듣는 자리에 오기까지 포기하지 않고 노력했던 내가 대견하게 느껴지기도 한다. 다시한 번 말하지만 나도 여기서부터 시작했다. 오히려 남들보다 운이 없어도 단단히 없는 사람이었다. 그래서 이런 말을 들은 날이면 나는 나에게 이렇게 이야기해준다. '다른 이들이 안 된다, 힘들다는 길을 참 애써 가고 있구나. 여기까지 오느라고 고생했어. 기특해.'

어린 시절, 아빠는 나에게
버겁고 아픈 존재였다.

어린 시절, 아빠의 부재보다 더 힘들었던 건 이유 없는 폭력이었다. 아빠와 함께하는 동안에는 매일 긴장 속에 살았다. 언제 그의 기분이 안 좋아질지 모르기 때문이었다. 아빠는 기분이 좋다가도 갑자기 예상치 못하게 화를 내거나 폭력적으로 변하곤 했다. 아빠는 '인간 시한폭탄'이라는 별명이 오히려 부족하다고 느껴질 정도로 심각한 조울증이 있었다. 물론 가끔은 '세상에서 우리 아빠만큼 딸을 사랑하는 사람은 없을 거야' 싶을 때도 있었다. 그러다가도 '세상에서 우리 아빠만큼 딸을 위험에 노출시키는 사람은 없을 거야!'로 금방 돌아왔다.

아빠는 우리 동네에서 모르는 사람이 없을 정도로 꽤 유명했다. 아빠의 다혈질과 폭력성은 가정에서만 일어나는 것이 아니었기 때문이다. 엄마는 아빠 때문에 죄송해야 될 일도, 사람도 많았다. 층간소음이 그렇게 심하지도 않았는데 아빠 때문에 윗집에 살던 친구와 절교를 했던 적도 있었다. 나와 동생의 친구 아빠라는 이유 따위는 아빠에게 장해물

1장

이 아니었다. 이렇게 아빠의 무조건적인 폭력성의 피해는 고스란히 우리에게 전해졌다.

주변 사람들도 꽤나 힘들었겠지만 최대의 피해자는 나도 아니고, 동생도 아닌 엄마였다. 우리가 무슨 잘못을 한 것도 아니고, 그저 어딘가에 화풀이하고 싶은 날이면 항상 엄마를 괴롭혔기 때문이다. 그냥 때리면 본인도 이상한지 때리기 위한 명분을 찾기 시작했고, 항상 그렇게 싸움이 시작되었다. 무자비한 고함과 욕설, 폭행이 시작되면 나는 '누가 우리 집 초인종 좀 눌러줬으면…, 누가 경찰서에 나 대신 신고 좀 해줬으면…, 나 대신 우리 아빠 좀 말려줬으면…' 싶었다. 나의 바람이 가끔 이루어질 때도 있었지만 대부분은 그러지 못했다.

엄마와 아빠의 싸움이 시작되면 나도 너무너무 무섭고 싫었지만 결국 말리기 위해 나서곤 했다. 내가 무서워하면 아빠가 더 화를 내는 것 같아 내색할 수도 없었다. 감정은 최대한 숨기면서 아빠에게 "그만하세요, 아빠. 제발 그만하세요"라고 말리곤 했다. 다행히 이 말도 가끔 통했기 때문에 나서지 않을 수가 없었다.

내가 아빠를 많이 닮아서 그랬던 것인지, 크게 아팠던 적이 있어서 그랬던 것인지 모르겠지만 여러 가지 이유로 아빠를 말릴 수 있는 유일한 사람이 나였다. 나의 통제가 자주 효과가 있으면 좋았겠지만 그러지는 못했다. 그러지 못한 날은 엄마에게 집중하던 아빠가 나에게 집중하기 시작했고 나는 맞았다. 그러면 엄마는 차라리 자신을 때리라며 나에게 손찌검을 하는 아빠를 말리셨다. 그 이유로 엄마는 더 심하게 응징당했다.

예전에는 지금처럼 이혼이 대수롭지 않은 일이 아니었다. 그리고 이혼하게 되더라도 자녀들은 경제권이 있는 아빠에게 맡겨졌다, 아무리 폭력적인 사람이라고 해도. 남편의 폭행에 시달리면서도 여러 가지 이유로 엄마는 이혼을 할 수 없었다. 그때는 엄마처럼 맞고 사는 아내가 많았다. 다행히도 엄마는 10년이 넘는 시간 동안 참고 살다가 아빠의 바람을 이혼 사유로 헤어질 수 있었다.

1년이 넘는 법정싸움 끝에 나와 동생의 양육권도 뺏기지 않을 수 있었다. 아쉽게도 위자료나 재산분할은 받지 못했다. 사유는 아빠 명의로 된 재산이 없다는 단순한 이유였다. 그 뒤로 아빠는 칼을 들고 외할머니 집과 우리 집을 찾아와 협박하기도 했다. 다행히 별 탈 없이 넘어갔지만. 이혼을 한 상태여서 그런지 예전 부부싸움 때보다 경찰들도 많이 도와주었다. 그 이후 우리는 '기초생활대상자'라는 복지제도 덕분에 급식비나 입학금 등이 나와서 학교 다니는 것도 별문제가 되지 않았다. 하지만 내가 스무 살이 되는 동시에 혜택을 종료시킨 것은 좀 아쉬웠다. 인터넷 강의를 이용하여 공무원에 도전해보려고 했는데 여건이 녹록지 않아 아쉽게도 바로 취업을 할 수밖에 없었다. 인정하기 싫었지만 인정할 수밖에 없는 현실이었다.

열다섯 살 소녀는
왜 꿈이 행복한 결혼생활이었을까?

엄마는 이혼 후 나와 동생을 키우기 위해서 매일 열두 시간 넘게 일하셨다. 그런 엄마가 너무 힘들 것 같아 어떻게 해서든 엄마를 기쁘게 해드려야겠다고 생각했다. 그래서 집 청소부터 설거지까지 하기 시작했다. 동생 저녁밥을 챙겨주는 것도 물론 나의 일이었다. 엄마는 원래 술을 잘 못 드시는 분이었는데 언제부터인가 맨정신으로 들어오시는 날이 없었다.

잘 마시지도 못하는 술을 매일 드셨다. 그러지 않았으면 좋겠다고 생각을 하기는 했지만 어린 마음에도 이해할 수 있었다. 하지만 엄마가 안 들어오시면 잠을 잘 수 없었다. 엄마가 혹시라도 삶을 끝내실까 봐 너무 불안했기 때문이다. 그래서 엄마가 숙취로 변기와 씨름하는 소리를 들으면 마음이 한결 가벼워졌다. 일단은 집에 돌아오셨으니까. 그렇게 항상 엄마가 들어오신 것을 확인한 뒤에 잠을 청했다. 오늘도 무사히 귀가하셨다는 사실에 너무 감사했다.

엄마는 다시는 결혼을 하시지 않겠다고 했다. 얼마나 힘드셨으면 그러실까 싶어서 안타까웠다. 그래도 엄마가 앞으로 살아갈 날이 더 많기 때문에 그러면 안 된다고 생각했다. 엄마도 행복한 결혼생활을 해봤으면 좋겠다고 생각했다. 아빠의 부재를 덮기 위한 최선책이 결혼이라고 생각했던 나는 '빨리 결혼해야겠다!'는 마음이 더욱 강해졌다. 나는 엄마한테 결혼해서 잘 사는 사람도 있다는 것을 보여주고 싶었다. 철없던 시절의 나는 이렇게 단순했다.

가끔은 엄마와 함께 동반 결혼식을 올리는 것도 좋겠다고 생각했다. 그러다가도 내 남편이 될 사람에게 예의가 아닌 것 같아서 상상에만 그쳤다. 엄마가 조금이라도 빨리 새로운 남자를 만나서 결혼을 하고 싶게 만들려면 내가 빨리 결혼해서 잘 사는 것을 보여드려야 된다고 생각했다. 이런 이유로 2년 동안 짝사랑하던 남자와의 관계를 정리했다. 나를 사랑해줄 수 있는 남자를 빨리 만나야겠다고 생각했던 것 같다. 결혼을 빨리 하는 것이 목표였지만 잘하기도 해야 했다. 빨리 결혼을 하는 것도 중요했지만 엄마에게 결혼 후 행복하게 잘 사는 모습을 보여주는 것 또한 매우 중요했기 때문이다.

애인 사이가 오래 유지되기 위해서는 남자가 여자를 더 좋아해야 된다고 했다. 그래서 내가 좋아하는 사람보다 나를 좋아해주는 사람을 만났다. 가끔은 내가 좋아하는 남자를 만나고 싶다는 생각도 했었는데 아쉽게도 내가 좋아하면 그는 나를 좋아하지 않았다. 지금 생각해보면 그

나이에 결혼할 남자를 찾고 있는 것부터 문제가 있었지만, 열다섯 살 철부지 소녀다운 생각이었다. '절대 아빠 같은 사람은 만나지 않을 것.'

이는 아빠와 함께 사는 것이 너무나도 힘들었던 내가 꼭 지켜야 되는 최소한의 조건이었다. 그럼에도 이상하게 만나는 남자마다 아빠와 비슷한 성향을 가진 경우가 많았다. 왜 그런 일이 생기는지 참 궁금했다. 왜 그런 것일까?

실제로 남자들은 본능적으로 자기 엄마와 비슷한 성향을 가진 사람에게 호감을 가질 확률이 높고, 여자들은 본능적으로 자기 아빠와 비슷한 성향을 가진 사람에게 호감을 가질 확률이 높다고 한다. 반신반의하는 마음도 있었지만 인정하기로 했다. 아무리 밉다고 생각해도 본능은 어쩔 수 없는가 보다. '세상에 태어나서 처음으로 배운 사랑이 아빠라서 그런 건가?' 참으로 신기했다.

실제로 나와 같이 아빠 같은 사람은 절대 만나지 않겠다고 다짐을 했음에도 불구하고 아빠와 비슷한 사람과 결혼하게 되었다는 사람들이 굉장히 많다. 전남편도 마찬가지였다. 아닌 줄 알았는데 아빠와 비슷한 부분이 꽤나 많았다. 본능을 거스르는 것은 생각보다 쉬운 일이 아니다. 그렇기에 앞으로 남자를 잘 만나기 위해 더욱 신중을 기해야 한다. 하지만 과거는 과거일 뿐이다. 과거에 미련한 선택을 했다고 거기에 머물러 있으면 미래에도 내가 미련하다고 느끼는 과거에 머물러 있을 수밖에 없는 것이다.

지금의 내가 과거를 후회하고 자책한들 애석하게도 바꿀 수 있는 것은 단 하나도 없다. 그러니 그때는 그렇게 생각할 수밖에 없었음을 인정하고 스스로 용서할 줄 알아야 한다. 그래야만 앞으로 그러지 않기 위해서는 어떤 것을 개선해야 할지가 보인다. 그러다 보면 또다시 실수하는 일을 조금이라도 막을 수 있다. 돌이킬 수 없다면 앞으로 더 나은 미래를 위한 과정이라고 생각해버리자. 처음부터 완벽한 사람이 과연 몇이나 있을까? 이렇게 넘어지고 일어서면서 배우는 게 인생이라는 것임을 인정해버리자.

결혼을 동경하던 소녀,
드디어 그 꿈을 이루다.

그렇게 나는 오랫동안 행복한 결혼을 꿈꾸며 살았지만 나의 바람과는 달리 생각보다 꿈을 이루기가 쉽지 않았다. 결혼을 전제로 만나던 남자도 있었는데 남자 측 부모의 반대도 있었지만, 술만 마시면 폭력적으로 변하는 것이 고쳐지지 않았다. 폭력적인 남자와 사는 것이 얼마나 무서운 일인지는 익히 잘 알고 있었기 때문에 결국 나는 3년 반 만에 헤어짐을 택했다.

그때 나에게 남은 것은 일하느라 여기저기 남은 통증뿐이었다. 아직 20대였지만 뼈가 단단해지기 전에 너무 많이 써서 그런지, 유전인지 모르겠지만 통증을 참다못해 MRI를 찍어보았다. 20대 초반에 무슨 허리가 아프냐고 비웃던 의사선생님은 검사 결과를 보고는 놀람을 감추지 못하며, 허리가 벌써 40~50대들과 비슷한 수준이라고 지금부터 관리하지 않으면 나중에 걷는 것조차 힘들 수 있다고 말했다.

그렇게 물리치료를 위해 며칠간 입원하게 되었던 병원에서 만난 언니의 소개로 전남편을 만났다. 그때 당시 일을 쉬고 있던 차였기 때문에 장거리임에도 불구하고 급속도로 그와 친해졌다. 솔직히 처음에는 많이 망설였다. 나이 차이가 꽤 많이 났고, 게다가 전남편에게는 타국에서 학교생활을 하고 있는 아들도 있었기 때문이다.

아이를 키우는 남자를 받아들이는 것이 나 또한 처음부터 쉬운 일은 아니었다. 그렇게 오래 알던 사이는 아니었는데 내가 많이 좋아했었는지 그런 책임감이 더 멋있다고 생각했다. 하지만 이런 상황을 엄마가 받아들일 수 있을까 싶은 걱정도 들었다. 여러 가지 이유로 인하여 마음을 정리해보려고 노력도 해보았지만 잘되지 않았다. 인연은 인연이었는지 정말 끝내려고 마음을 먹으면 갑자기 전화가 오거나 선물을 사주곤 했다.

결국 우리는 모든 것을 감수하고 결혼을 전제로 사귀게 되었다. 당시 나는 타이밍이 좋게도 실업자였기에 전남편 집 근처에서 일자리를 구해야겠다는 마음을 가졌다. 서로 사는 곳이 멀었기 때문에 자연스럽게 전남편이 사는 집으로 들어갔다. 그리고 다행히 꽤 괜찮은 곳에 취업도 할 수 있었다. 그렇게 2년 동안 함께하며 결혼을 준비하는 중에 아이가 생기는 바람에 계획했던 것보다 두 달 빠르게 결혼식을 올리게 되었다.

사람이 마음을 먹고 그것을 이루기 위한 행동을 하면 어떻게든 되긴 되나 보다. 열다섯부터 꿈꾸던 결혼을 스물네 살에 하게 되었다. 보란 듯이 행복하게 잘 사는 모습을 보여주고 싶었고, 누구보다 더 잘 살 자신도 있었다. 지금 보면 참 철없는 선택이었던 것 같기도 하지만 나름대로 신중하게 내린 선택이었다.

행복한 결혼생활을 위한 나만의 기준으로 보면 전남편은 거의 완벽에 가까운 사람이었다. 그럼에도 불구하고 결혼생활은 오래가지 못했다. 그 이유는 무엇이었을까?

철없는 나이에 결혼해서? 남자 보는 눈이 없어서? 결혼식을 하기 전에 아이가 생겨서? 오만가지 이유가 다 생각났다. 솔직히 이런 이유들도 완전히 아니라고 볼 수 없지만, 정답이라고도 할 수 없었다. 이유가 무엇이었든 간에 계속해서 반복되는 실패인 것 같은 끝맺음에 정말 암담했다. 나름대로 이런 일을 겪지 않기 위해 열심히 노력한 것 같은데 왜 항상 이런 일이 생기는지 이해할 수가 없었다. 도대체 무엇이 문제였을까? 나는 이 문제의 해답을 찾기 위해 정말 오랫동안 이런저런 노력을 해왔다. 해답을 찾기 전까지 나의 머릿속은 이런 생각들로 가득 차 있었다.

행복한 결혼생활을 동경했던 마음이 컸기에 아무나 만날 수 없었다. 그래서 나에게 딱 맞는 남편을 찾기 위한 나만의 조건들이 꽤나 많았다. 우리 집은 가난했기 때문에 남편이라도 가난해서는 안 된다고 생각했다. 그때 당시 나는 내가 하고 싶은 것을 못하게 된 원인이 가난 때문이라고 생각했다. 그리고 아이에게만큼은 나처럼 꿈꾸는 과정에서 가난 때문에 포기하게 되는 것을 물려주고 싶지 않았다. 그리고 집안일도 최대한 내가 하지 않고 싶었다. 여기까지만 읽어봐도 그때의 나는 행복한 결혼을 위해서 내가 희생할 것은 단 하나도 생각하지 않았다는 것을 알 수 있다. 해답을 알고 난 후 돌이켜보면 그때의 나는 너무 이기적이었다. 어렸을 때 고생을 했으니까 결혼하고 나서는 고생하지 않고 살고 싶다는 마음이 너무 강했다.

겉으로는 현모양처가 꿈이라고 했지만 청소와 요리는 내 일이 아니었으면 좋겠다고 생각했다. 굳이 힘들게 일하지 않고 남편이 번 돈으로 잘 먹고 잘 사는 것. 드라마의 주인공처럼 착하게 살다가 재벌 아들과 사랑에 빠져 신분 상승을 하는 것. 말도 안 된다고 생각하면서도 '나한테도 저런 남자가 나타났으면 좋겠다'고 생각했다.

전남편과 나는 나이 차이가 열 살 이상 났다. 이 사실을 이야기하면 주변 사람들은 전남편에게 도둑놈이라고 했다. 하지만 솔직히 나이가 어리다는 것만 빼면 전남편보다 나은 부분이 하나도 없다고 생각했다. 그랬기 때문에 오히려 나이 차이가 많이 나서 다행이라고 생각했다. 남편이 재혼이라는 부분도 별로 흠이라고 생각하지 않았기 때문에 상관없었다. 왜냐하면 나도 결혼을 전제로 3년 넘게 만난 남자가 있었고, 낙태 경험도 있었기 때문에 오히려 나보다 더 괜찮은 사람이라고 생각했다.

전남편에게 아이가 있다는 사실도 오히려 좋았다. 내가 과거에 지켜주지 못한 아이라고 생각하고 나의 죄책감을 씻어낼 수 있는 기회라고 생각했기 때문이다. 여기서 느낄 수 있는 점은, 나는 나를 사랑하지 않았다는 점이다. 가난과 아빠의 부재가 결혼할 때 흠이라는 고정관념에 어느새 스며들어 나에게 자격지심이라는 감정을 선물해주었던 것 같다. 끊임없이 남에게서 나의 미래를 찾으려 하고, 남에게 나를 사랑해 달라고 하면서도 나는 나를 사랑하지 않았던 것이다. 이것이 나의 결혼이 유지되지 못했던, 어쩌면 처음부터 잘못된 선택을 하게 한 가장 큰 이유임을 뒤늦게 알게 되었다.

다행히도 아들과 나는 사이좋게 잘 지냈다고 생각한다. 전남편과 나의 나이 차이보다 아들과 나의 나이 차이가 더 적게 났지만 아들 앞에서는 마치 진짜 엄마가 된 것 같았다. 아들은 다른 나라에서 학교를 다니고 있던 중이어서 방학 기간에만 우리와 함께 지냈다. 부모의 한쪽 사랑만 받을 수밖에 없는 자녀의 마음을 누구보다 잘 알았기 때문일까? 바르게 잘 자라준 아들이 진심으로 기특했다. 엄마의 사랑을 느낄 수 있게 해주고 싶었다. 정말로 맹세코 나는 아들이 불편했던 적이 단 한 번도 없었다.

나의 나이를 알게 된 아들은 조금 충격을 받은 것 같았지만 다행히도 금방 받아들여주었다. 정말 고마웠다. 아들에게 공부를 가르쳐주기도 하고, 같이 외출을 하기도 하고, 같이 밥을 먹기도 하며 친구같이 잘 지냈다. 가끔 아이가 먼저 아빠보다 엄마가 좋다고 말을 했던 걸 보면 아들은 내 마음을 알아주었던 것 같다.

사람들은 말한다. 남의 자식을 키우는 일이 쉬운 것이 아니라고. 내가 직접 해보니 그건 남의 자식을 키우는 그 사람의 마음가짐에 달렸다. 나는 오히려 아들이 있어서 너무 든든하고 좋았다. 한 명 키우는 것도 힘든데 아들 낳아달라고 하는 사람도 없고 얼마나 좋은가. 다만 바람이 하나 있었다면 나보다 나이 많은 신붓감만 데려오지 않았으면 하는 거였다. 가끔 아빠에게는 말하지 않는 개인적인 고민을 나에게 털어놓는 아이를 보며 '내가 엄마 역할을 잘하고 있구나!' 싶었다. 그래서인지 지금도 가끔 그 아이가 보고 싶다. 부디 잘 크기를 진심으로 바란다.

너는 되고,
나는 안 되는 이기적인 결혼생활。

평범한 회사생활을 하고 있던 한 20대 여자가 있었다. 어느 날 퇴근 후 한껏 꾸미고 소개팅 장소로 향했다. 부쩍 외로움을 느끼던 터라 남자친구를 만들고 싶어서 소개팅을 마다하지 않았지만 그런 그녀의 노력에도 불구하고 매번 소개팅에 실패했다. 그럴 때마다 상처를 받았다. '내가 그렇게 매력이 없나' 싶었다.

오늘은 꼭 성공했으면 좋겠다는 마음으로 소개팅 장소로 발걸음을 옮겼다. 그녀의 기대와는 달리 오늘도 성과가 없을 것 같았다. 상대 남자는 그녀가 별로 마음에 들지 않는지 이상한 헛소리만 늘어놓았다. 그러고는 바쁘다며 먼저 일어나겠다고 했다. 어쩔 수 없이 그녀는 그러라고 했다. 그러지 말아야지 하면서도 자꾸 화가 났다. 그때 그녀를 눈여겨보던 어떤 남자가 케이크 한 조각을 내밀며 이렇게 말했다. "너무 속상해 말아요. 스트레스 받을 땐 단 음식이 최고예요."

깜짝 놀란 그녀가 "저, 이거 안 시켰는데요?"라고 하자 그 남자가 이렇게 말했다. "제 마음입니다. 제가 방금 나간 남성이었다면 저는 반했을 것 같은데 도통 이해가 되지 않네요. 이렇게 예쁘고 매력적인 여성에게 어떻게 반하지 않을 수 있죠? 혹시 저도 괜찮다면 옆자리에 앉아도 될까요?"

상상만 해도 심쿵 한다. 사람으로 받은 상처는 사람으로 치유된다더니 이게 웬일인가. 그녀의 눈에 그 남자는 꽤나 매력적이었다. 그렇게 둘은 사랑에 빠졌다. 이때까지의 시련은 이 남자를 만나기 위한 과정이었던 것만 같았다. 그들은 빠르게 서로에게 빠져들었고, 그녀는 그 남자가 운명의 남자라고 생각했다.

3개월 정도 지났을 무렵, 그녀는 상상도 못했던 사실을 알고 충격에서 벗어날 수 없었다. 그 남자가 유부남이었던 것이다. 그녀는 깜짝 놀라 그에게 따졌다. 그렇게 중요한 사실을 왜 이제야 이야기하느냐고. 그는 미안하다며, 그녀를 본 순간 자기도 모르게 첫눈에 반해버렸다고 했다. 법적으로는 유부남이지만, 아내를 사랑하지 않고 그녀만 사랑한다고 했다. 말도 안 된다고 생각하면서도 그녀는 그의 말을 듣고 그래도 그를 사랑할 수 있을 것 같다고 생각했다. 그러면서 사랑하지도 않는 여자와 살고 있는 그가 너무 안타깝고, 이 또한 사랑이라는 생각이 들어 계속해서 만남을 이어갔다.

당신이 이 이야기의 주인공이었다면 어떤 선택을 했을 것 같은가? 물론 유부남이 다른 여자를 만나는 것은 잘못된 일이다. 그러나 그녀가 나라면 쉽게 결정할 수 없는 이야기가 될 수 있다는 것도 인정해야 한다. 여러 가지 상황 속에서 겉과 속이 항상 같을 수는 없다. 왜 그런 선택을 했는지는 그 당사자가 아니고서는 절대 알 수 없는 일인 것이다. 갑자기 이런 이야기를 왜 꺼냈느냐고?

나의 결혼생활도 '나는 되고, 너는 안 되는 생활의 연속'이었다고 할까? 아마 아직도 전남편은 본인이 그렇게 행동했다는 것 자체도 모르고 있을 것이다. 이혼을 한 부부에게 왜 이혼했는지 물었을 때 가장 많이 나오는 대답은 성격 차이다. 나도 이혼을 하기 전에는 '성격 차이'라는 말이 변명이라고 생각했다. 그랬던 나도 이혼하게 된 이유를 '성격 차이'라고 대답하고 있다. 이혼을 하게 되는 이유 중에 한쪽의 큰 잘못이 있는 경우도 물론 있겠지만, 그렇지 않은 경우도 꽤나 많다. 뭐라고 딱히 말할 수 있는 이유는 아닌데 그렇다고 평생 같이 살 수는 없는.

누구 편에 서서 듣느냐에 따라 나의 생각이 몹시 달라질 수밖에 없는 그런 이유들을 말한다. 처음부터 그랬던 것은 아니지만 어느 순간 나를 돌아보니 내가 무조건 잘했고, 전남편이 무조건 잘못했다고 하는 것이 무의미하다는 생각을 하게 되었다. 나와 비슷한 상황이었다면, 어쩌면 상대방의 입장에서는 저런 생각이나 행동을 할 수도 있었겠다는 마음의 그릇을 넓힐 수 있는 기회를 가져보는 건 어떨까. 나 또한 처음부터 이렇게 넓은 마음을 가졌던 것이 아니기 때문에 분명 이혼을 하기 전까지 엄청나게 불만이 많은 결혼생활이었다.

이제부터 나오는 과거 나의 생각들이나 행동들을 보고 '나만 그랬던 게 아니구나. 저기서부터 여기까지 마음의 그릇을 넓히기 위해서 엄청난 노력을 했구나'라는 마음으로 바라봐주길 바란다. 솔직히 아무리 상대방을 배려하는 마음을 가진다고 하더라도 인간의 본성은 어쩔 수 없이 이기적이다. 왜 그런 거냐고? 그냥 그렇다고 받아들이자. 그리고 그 이기적인 마음가짐으로 한 번쯤은 상대방이 되어 냉정하게 나를 바라보자. 물론 당신의 잘못이 하나도 없을 수도 있다. 그리고 처음에는 단 하나도 이해되지 않는 행동들일 수 있다. 그래도 한 번쯤은 그 사람이 되어 나를 바라보아야 한다.

여기서 잠깐, 이러한 과정은 놀랍게도 그를 위해서가 아니라 나를 위해서 해야 하는 과정이다. 또다시 이런 상황이 오지 않게 할 가장 효과적인 방법이지 않을까 생각한다.

사랑했던 부부가
헤어짐을 선택하는 이유

정자와 난자가 만나서 수정되는 순간부터 엄마만 있는 아이도, 아빠만 있는 아이도 없다. 단지 각자의 사연들로 인하여 같이 살지 않거나 같이 키우지 않거나, 그때는 있었지만 지금은 이 세상에 존재하지 않을 뿐이다. 아빠와 엄마 중 처음부터 한쪽만 있었다면 그 아이는 이 세상에 있을 수가 없지 않은가. 가끔은 원치 않는 아이를 가지거나 낳기도 하지만 일반적으로 서로 사랑해서 결혼하고 아이를 낳는다. 그래서 가끔은 일반적이지 않은 순서로 아이를 가진 자들을 자신들의 잣대로 평가하기도 한다. 뭐, 아예 틀린 말도, 맞는 말도 아니지만 말이다.

실제로 나 또한 아이를 낳을 때만 해도 남편을 정말로 사랑했다. 그리고 다른 보통의 경우를 보아도 순서가 어떻게 되었든 간에, 그 마음이 크든 작든 간에 서로 사랑하는 마음을 가지고 엄마와 아빠가 된다. 그렇게 아이는 세상 밖으로 나올 수 있게 되는 것이다. 그럼에도 불구하고 왜 엄마와 아빠는 육아를 하는 중에 많이 싸울 수밖에 없는 것일까?

내가 아이를 낳아보기 전에는 아기가 있는 집이라면 아이가 마냥 예뻐서 그저 웃음꽃으로 가득할 것이라고만 생각했다. 마치 강아지를 키우면 돈도 많이 들고, 똥오줌도 치우고, 목욕도 시키고, 밥도 주고, 할 일이 얼마나 많아지는지 전혀 알지 못하고 길에서 마주친 강아지가 귀엽다는 이유로 강아지를 키우면 행복할 것 같다고 생각하는 아이들처럼 말이다. 강아지를 키우면서 해야 되는 노동을 똥오줌을 치우는 정도로만 생각했다가 막상 강아지를 입양하고 후회하는 사람들처럼, 아이를 키우는 것 또한 후회를 할 수 있다고 생각한다. 생각보다 키울 만하다고 느끼는 사람도 있는 반면, 생각보다 키우는 것이 너무 벅찬 이들도 분명히 있다.

아무리 내 아이라도 마냥 예쁘지만은 않은 게 현실이고, 힘들 때가 훨씬 더 많은 것도 사실이다. 특히 아이를 임신하고 낳으면서 체력적으로 많이 힘들어진 엄마들은 엄청난 체력 소모가 필요한 신생아 육아에 포기 선언을 하고 싶은 마음이 굴뚝같다고 한다. 그렇게 피곤함과 힘듦을 동시에 가지고 있는 예민한 아내와 같이 살아야 하는 남편들도 마찬가지다. 총각이었을 때에는 퇴근 후 집에서 여유롭게 지냈지만, 아이를 낳고 난 뒤부터는 집에서까지 일하는 것 같은 느낌이 든다고 한다. 그러다 보니 피곤함에 못 이겨 서로가 극도로 예민해진 상황에서 자신도 모르는 사이에 서로에게 상처를 주게 되기 쉬운 것이다.

그렇게 사랑해서 아이를 낳았지만 쉬고 싶고, 나의 노동을 인정받고 싶어 하는 마음과 위로받고 싶어 하는 마음들이 부딪히면서 신생아를 키우는 시기부터 많은 부부들이 싸우고 헤어짐을 선택하게 되는 것 같다. 나도 마찬가지로 아이를 낳고 나서부터 전남편과 의견 차이가 많이 났다. 그때는 내가 옳다고 생각했지만 돌아보면 내가 왜 그랬을까 싶은 생각이 드는 사건들도 있다. 그중 대표적인 한 가지만 뽑자면, 그때 당시의 나는 이유는 모르겠지만 아빠에게 아이를 맡기는 것이 너무 불안했다. 그래서 힘들어도 그냥 내가 하겠다고 했다. 그러면서도 아이를 잘 돌보지 않는다며 투정을 부렸다.

그때의 나는 왜 그토록 아이를 맡기는 것이 불안했을까? 전남편도 이런 점이 꽤 서운했는지 한번은 이런 말을 했다. "나는 아이를 보는 게 힘들지 않은데 네가 나를 못 믿고 불안해하는 것이 더 불편해. 그리고 왜 너는 매번 도와준다고 해도 혼자 다 하려고 하는 거야?"

그 말을 처음 들었을 때 나는 뒷통수를 한 대 세게 언어맞은 기분이었다. 내가 그토록 싫어했던 행동을 나도 모르는 사이에 하고 있었다는 사실에 놀랐다. 사실 나도 어렴풋이 느끼고 있었다. 돌이켜보니 아이 아빠가 딸에게 다가오면 좋으면서도 육아에 서툰 남편이 아이를 떨어뜨리지 않을까 하는 불안한 마음이 더 크게 들었던 것 같았다. '그러지 말아야겠다'고 여러 번 다짐했음에도 항상 되풀이되는 나의 행동에 미안하면서도 의아한 마음이 들었다.

그러다 문득 아주 흥미로운 사실을 알게 되었다. 나와 같은 감정을 거의 모든 엄마들이 느끼고 있다는 것이었다. 아이를 낳으면 산후우울증에 걸리는 것처럼 이런 행동 또한 아주 본능적이었던 것이다.

엄마가 되면 자연스럽게 일명 '엄마 호르몬', '사랑의 호르몬'이라고도 불리는 옥시토신이라는 호르몬이 생긴다고 한다. 옥시토신은 보통 엄마가 아이에게 젖을 먹일 때 모유가 원활히 생산되도록 돕기도 하고, 엄마와 자식 간의 유대감을 느끼게 해주는 아주 좋은 호르몬이다. 이 호르몬 덕에 엄마들은 모성애가 발동된다고 해도 과언이 아니다.

실제로 나도 가슴 모양이 예전 같지 않다는 사실은 속상하지만, 1년간 모유 수유를 했기 때문에 딸과 조금 더 친밀하게 교감을 할 수 있었다고 생각한다. 그 모습을 기억하고 싶어서 아직도 사진으로 가지고 있을 정도이니 말이다. 아마 내 몸속에는 옥시토신이 꽤나 많이 있었을 확률이 크다. 나중에야 알게 되었지만 이 옥시토신 덕분에 아이에게 1년간 젖을 먹이고 모성애를 풍부하게 가질 수 있었지만, 아쉽게도 옥시토신 때문에 아이 아빠가 딸에게 다가오는 것을 본능적으로 더욱 싫어하게 되었던 것이다.

내 몸속에 분비되고 있는 '사랑의 호르몬 옥시토신'이 자연스럽게 모든 사람으로부터 내 아이를 지켜야 한다는 본능을 갖게 하면서 아이 아빠마저도 적으로 인식하고 불안한 마음이 들 수 있는 것이다. 이런 현상 때문에 섭섭함을 느끼는 남편들이 생각보다 많다고 한다.

그때는 몰랐지만 나의 전남편 또한 이런 부분에서 많이 섭섭했을 수도 있겠다는 생각이 든다. 왜냐하면 엄마가 되기 전에도 내 몸속에 옥시토신은 존재하고 있었는데, 그때는 자연스럽게 나의 호르몬이 남편을 지켜야 한다고 인식하여 남편에게 모든 관심과 사랑이 갔었던 것이다. 그런 아내가 아이를 낳고부터는 본인을 사랑해주지도 않으면서 가까이 오지 말라고 경계까지 하니 나 같아도 섭섭했을 것 같다. 내가 이 사실을 알고 얼마나 울었는지 모른다. 나 또한 사랑이 식었는 줄 알고 내심 많이 두려웠기 때문이다. 한참이 지나고서야 알게 된 나의 행동들의 이유를 남편에게 알려주었다. 그렇게 한층 더 서로를 이해할 수 있는 시간도 가진 적이 있었다. 그때 남편 역시 철저히 육아에 동참하면서부터 부성애가 생기기 시작한다는 사실을 알게 되었다.

실제로 아빠들은 엄마처럼 아이를 직접 품지 않기 때문에 엄마처럼 자연스럽게 모성애가 생기기 어렵다고 한다. 남편들은 육아에 동참해 아이가 크는 것을 직접 보며 본인들의 희생이 따라주어야만 비로소 부성애를 느낀다고 한다. 그것도 모르고 나는 본능에 너무 충실한 나머지 부성애를 느낄 기회를 뺏고 있었던 것이다.

아쉽게도 아이를 키우면서 부부가 싸울 일이 한 가지만 있는 것은 아니다. 그렇기 때문에 사랑했었음에도 헤어짐을 택하게 되는 것이라고 생각한다. 지금의 마음으로 돌이켜보면 서운함이 커지기 전에 서로에게 기분 좋은 말과 행동으로 하나하나 이야기하며 고쳐나갔다면 지금의 우리는 조금 달라질 수 있었을까 싶은 생각도 든다. 하지만 후회는 없다. 헤어짐을 결정하기 전 상대방은 아니라고 할지 몰라도 나는 여러 가지 노력을 했었다고 생각하기 때문이다. 그리고 미래에 이런 상황이 온다면 조금 더 현명하게 대처할 수 있는 방법을 찾았을 뿐이다.

만약 나와 다르게 부부가 해결할 수 있는 문제에 부딪혔다면 조금은 힘겹더라도 아이를 위해서라도 최대한 헤어지지 않는 방법을 택하기 위해 끝까지 노력해보길 바란다. 그래야 나처럼 후회하지 않을 수 있기 때문이다. 후회되는데 돌이킬 수 없는 상황이라면 현재의 깨달음을 토대로 앞으로 살아나가면 되니 크게 허탈해하지 않기를 바란다. 세상에 남자는 많고, 기회도 많으니까 말이다.

남편들이여,
부디 아내의 노동을 인정해주길! ∘:

　요즘은 남편이 능력 있는 아내를 대신해 전업주부의 길을 택하는 일이 예전에 비해 확실히 많아졌다. 예전에는 텔레비전이나 영화에서나 볼 법한 이야기였지만 말이다. 이렇듯 세상도 조금씩 변하고 있다. 가장 큰 변화는 예전 같았으면 꿈만 꾸던 아빠의 육아휴직이 가능해졌다는 점이다. 법안은 통과되었지만 아직까지 아빠의 육아휴직은 눈치를 봐야 한다는 것이 조금 아쉽긴 하다. 그런데도 아직까지도 전업주부인 남편을 무능력한 남자로 여기는 이들이 훨씬 많은 것 같다. 이제는 그 생각의 틀을 바꾸어야 한다. 아빠의 육아휴직이 가능해졌다는 것은 정부에서도 아빠의 육아휴직이 이제는 필수가 되어야 할 필요성을 인정한 것이나 다름없지 않을까?

　요즘은 여자들도 보통 대학교를 졸업하고 사회생활을 하기 때문인지 모르겠지만 점점 결혼 시기가 늦어지고 있다. 실제로 아이를 낳을 때쯤 엄마도 사회에서 제법 인정받는 자리에 있을 가능성이 커졌다. 그렇기 때문에 그녀들에게 엄마가 되었다고 해서 무조건 집에서 육아에 전념해야 한다는 주장은 통하지 않는 시대가 되었다.

서로의 상황에 맞게 육아 계획을 짜는 것도 매우 필요한 과정이다. 남편이 능력이 없어서 전업주부를 하는 것이 아니라 남편도, 아내도 능력이 있기 때문에 남편이 전업주부를 선택하는 경우가 많은 것이다. 실제로 유튜브에는 아빠가 영상을 찍으며 육아를 하는 채널이 점점 많아지고 있다. 그 채널들을 보면 아이를 직접 품고 낳은 것이 아니기 때문에 아내보다 좀 더 튼튼한 체력을 가진 남편들도 신생아부터 생후 1년이 되기까지 전쟁 같은 하루하루에 두 손 두 발 다 드는 경우를 종종 볼 수 있다. 그만큼 돌 전 육아는 정말 많은 체력을 요구하는 중노동이다. 부모가 되고서 가장 처음 맞이하는 고난이기도 하다.

육아서를 한두 권만 읽어도 아이가 태어나서부터 36개월까지의 하루하루가 그 아이의 성격과 지능 등 다양한 부분을 결정짓는 요소가 된다는 사실을 알 수 있다. 이런 이유로 부모의 형편이 여의치 않은 아이는 입양이 되기 전 위탁모에게 맡겨지기도 한다. 나도 이런 역할을 하는 분들이 있다는 사실을 아이를 낳고 알게 되었다. 정말로 존경스럽고 멋진 분들이다. 위탁모라는 봉사활동이 존재할 만큼 아이에게 태어난 순간에서부터 36개월까지의 하루하루는 참으로 중요하다. 그만큼 화목한 가정 분위기도 소중하다는 사실을 역설한다.

위탁모에게 보내진 아이는 1~2년 정도 지나 입양 가정으로 보내지게 된다고 한다. 이렇듯 위탁모는 손이 가장 많이 가는 시기의 아이들만 보살펴준다. 더욱 놀라운 사실은, 위탁모들은 아이가 입양되고 나면 새로운 아기가 빨리 오기를 기다린다는 것이다. 키우던 아이가 가고 나면 정든 아이가 그리워지는데, 그 그리움을 잊기 위해서는 새로운 아기가 다시 와주는 것만큼 효과적인 것이 없기 때문이라고 한다.

실제로 아이와 이별하는 것이 너무 힘들어서 위탁모를 그만두는 분들도 많다고 한다. 그리고 가끔 이별이 잘 되지 않는, 자꾸 생각이 나는 아기가 생길 때도 있다고 한다. 그렇게 위탁모 생활을 그만두고 잊기 힘들었던 입양 보낸 아이를 본인이 입양하기로 결정하는 분들도 많다고 한다. 이런 대가 없는 노동을 반복한다는 것이 말처럼 쉬운 일이 절대 아니라는 것을 너무 잘 알기 때문에 감탄이 절로 나온다. 내가 낳은 아기를 돌보는 것도 쉬운 일이 아님을 너무 잘 알아서인지 이런 이야기를 들으면 나도 모르게 감사함에 눈물이 난다.

사실 대부분의 엄마들도 본인의 아이에게 가진 마음이 위탁모들과 같으면 같았지 약하지는 않을 것이다. 다만 출산 후 최소 1년까지는 임신 중에 줄어든 체력과 늘어난 체중으로 예전만큼 체력도 따라주지 않고, 과도한 호르몬 분비로 인하여 감정도 마음대로 조절되지 않는 경우가 많다. 본인 스스로 이 사실을 알고 있음에도 마음대로 되지 않는 몸과 마음 때문에 더욱 힘겨워한다. 그럼에도 불구하고 아이를 배 속에서 낳음과 동시에, 인생 최악의 컨디션으로 잠도 편히 자지 못한 채 엄마는 아이와 함께 24시간 쉴 틈 없이 바쁘게 움직인다.

나도 아이가 생후 100일이 되기 전까지는 한 시간 이상을 연달아서 푹 자본 적이 없었다. 생후 100일 이전의 신생아는 보통 두 시간에 한 번 잠이 들고 길어야 30분 정도 자고 일어난다. 아이가 일어나면 또다시 재워야 하는 두 시간 정도 동안 밥도 먹이고 트림도 시키고 놀아주고 재우는 시간을 최대한 단축시켜야만 엄마가 활동할 수 있는 시간이 생긴다. 그렇게 힘겹게 얻은 짧은 시간 동안 엄마는 밥도 먹어야 하고, 화장실도 가야 하며, 그 안에 잠도 자야 한다.

다들 공감하겠지만 아이가 잠든 30분 정도의 시간 동안 엄마는 이 모든 일을 끝내야 하기 때문에 최대한 급한 것부터 순서대로 한다. 보통 잠 자는 것보다 아이가 깨기 전에 해야 할 다른 것들이 많기 때문에 엄마들은 아이를 낳고 지칠 대로 지쳐 있는 몸으로 쉽게 잠들지 못하고 밤을 지새우며 24시간 쉴 틈 없이 움직인다. 그러다 도저히 잠을 이겨낼 수 없을 때 잠을 청하곤 한다. 나도 처음에는 산후도우미가 왜 필요한지 알지 못했지만 해보고 나니 알 수 있었다. 엄마가 편히 잘 수 있는 시간만이라도 확보해주기 위해 산후도우미가 필요한 것이고, 그녀들이 없다면 남편들의 육아휴직은 무조건적으로 필요하다는 사실을 말이다.

나는 아쉽게도 둘 다 없었다. 나의 옥시토신 때문에 피한 것도 있지만, 실제로 아이를 낳고 가장 힘든 시기에 남편은 항상 바빴고 집에 없는 경우가 더 많았다. 그렇다고 나 혼자 힘들었다는 것은 아니지만 이러한 이유들로 무조건적으로 이해하기에는 무리가 있는 상황이었다. 사람이 힘들고 피곤하면 어떻게 될까? 쉽게 예민해지게 된다. 그렇게 피곤해서 예민해져 있는 엄마들이 제대로 먹지도 못하는 경우가 많다.

그때의 나는 잠자는 와중에도 엄마가 옆에 없다고 느끼면 항상 깨서 울어버리는 딸아이 덕분에 24시간이 비상상태 같았다. 그러다 보니 화장실 가는 것조차 꽤나 힘들었다. 나도 쉬고 싶은데 잠시 화장실만 다녀와도 아이가 깨버리기 일쑤였다. 전투육아를 하며 진땀을 뺀 엄마들은 아이가 잘 때 같이 자면 좋은 것은 알지만, 너무 피곤해서 그런지 의외로 바로 잠드는 경우가 잘 없다. 그러다 잠이 들라고 할 때쯤이면 야속하게도 아이는 일어났다. 그러다 보니 한두 시간만이라도 아무 신경 쓰지 않고 푹 자보는 것이 그때의 나에게는 가장 큰 소원이었다. 산후도우미나 남편이 아이를 돌봐줘서 오랜만에 꿀잠을 잤다는 엄마들을 보면 너무 부러웠다. 그래도 남편이 워낙 바빠서 그런 것이라고, 원래라면 많이 도와주고 싶었을 것이라며 나를 다독이곤 했다.

워낙 힘들어서 그런지 전남편은 집에 와서도 보통 씻고 바로 잠들었다. 남편이 코를 많이 골아서 각방을 사용했는데 그래서 그랬나? 내가 육아를 하느라 얼마나 힘든지, 딸이 자면서도 얼마나 자주 깨는지 전혀 모르는 것 같았다. 알아주기를 바라고 했던 행동은 아니었지만 꽤나 섭섭한 마음이 들었다. 그런 나에게 남편은 쉬는 날도 허락되지 않았다. 남편의 휴무는 일주일에 한 번. 그날은 그의 취미활동인 동호회 경기에 참석해야 했기 때문이다. 마음속 깊은 곳에서 화가 치밀어 올랐지만, 본인도 일주일 내내 일하고 한 번 정도는 하고 싶은 일을 하고 싶겠지 하면서 이해하려고 노력했다. 아니, 그래야만 했다.

무슨 일이 있으면 시간을 내겠다는 남편. 내 입장에서만 생각했던 것인지 모르겠지만 무슨 일이 있어야만 주어지는 시간이라는 것이 별로였다. 돌이켜보면 나는 단 두 시간도 나만의 시간을 갖지 못했는데, 남편은 24시간 동안이나 자신만을 위한 시간을 가진 셈이었다.

남편들의 육아휴직도 인정되는 기간 동안, 아니 3개월 정도라도 취미보다 가정을 우선시하는 것이 그렇게 어려운 일인지 잘 모르겠다. 가끔 남편들은 육아를 하고 있는 아내들에게 말한다. 나는 평일 내내 가족을 위해 일을 하고 온 사람인데 집에서도 일을 해야 하느냐고. 그런 남편들에게 진심으로 묻고 싶다. "당신은 결혼을 하지 않았더라면 서른 살이 넘어서 백수로 지낼 생각이었어요?"

본인이 지금 하는 일은 가족을 위해 하는 일이라기보다 결혼을 하지 않았더라도 했어야 하는 일이다. 하지만 육아는 다르다. 실제로 결혼을 하지 않았다면 하지 않아도 되는 일이었다. 남자들도 바뀐 부분들이 있겠지만 결혼 후 아이를 가진 순간부터 엄마들은 결혼하지 않았더라면 하지 않아도 되는 일들이 참으로 많다. 임산부라는 이유로 직장 상사나 동료의 눈치를 보거나 직장을 그만둬야 하고, 입덧도 견뎌야 하고, 체중이 늘어나는 것도 견뎌야 하고, 수유하는 동안에는 아파도 약을 먹지 않고 참아야 하며, 출산의 고통도 느껴야 하고, 출산후유증도 견뎌야한다. 거기다 두 시간에 한 번씩 일어나기는 하지만 남편과 함께 낳은 사랑스러운 아이를 위해서 전쟁 같은 육아를 견디고 있지 않은가.

직장에는 퇴근이 있지만, 육아에는 퇴근이 없다. 많은 것을 바라지도 않는다. 제발 아내가 집에서 편히 쉬고 있는 것이 아니라는 사실과 아내 덕분에 일할 수 있게 된 시간에 번 돈이 모두 당신만의 것이 아니라는 사실만 인정해주길 바란다. 이런 엄청난 희생과 노동의 대가가 너무나 당연시되고, 남편이 아내를 인정해주지 않는다면 엄마들은 무슨 재미로 세상을 살아가겠는가.

위탁모 생활을 오랫동안 하고 있는 가정들은 보통 남편이나 성인이 된 자녀들이 같이 돌봐주는 경우가 많다. 솔직히 아이를 키우는 일은 정말 힘들지만 그 무엇보다 보람된 일이기도 하다. 하지만 인생 최악의 컨디션으로 인생 최상의 노동을 하고 있는 엄마들의 노동을 부디 인정해주길 바란다. 엄마들도 육아보다 회식에 가고 싶고, 육아보다 모임활동에 참가하고 싶다. 길게도 바라지 않는다. 육아휴직이 허락되지 않는다 해도 나라에서 인정해주는 3개월에서 1년 정도만이라도 같이 울어주고 힘써주며 사랑하는 아내와 아이 옆에서 많은 시간을 보내줬으면 좋겠다. 그게 싫다면 아이는 다음 생에 가지길 바란다. 그리고 엄마들, 계획에 없는 임신을 막기 위해서 꼭 피임을 하길 바란다. 계획에도 없는 임신으로 더 이상 힘들어지는 일은 없었으면 좋겠다.

내가 이혼을
망설였던 진짜 이유 ◦∙

당신이 이혼을 망설이고 있는 이유는 무엇인가? 혹은 당신이 이혼을 망설였던 이유는 무엇인가? 한 강연 프로그램을 우연히 보게 되었는데 그때 서세원 씨의 딸 서동주라는 분이 나왔다. 그녀는 미국에서 변호사로 일을 하고 있다고 했다. 그리고 얼마 전 이혼을 하게 되었다며 '이혼의 모든 것'이라는 주제로 강연을 이어나갔다. 그녀는 이혼녀들 사이에도 군대처럼 등급이 있는 것 같다고 표현했다. 결혼생활을 얼마나 오랫동안 깊게 했느냐에 따라서 구분이 된다고 했다. 결혼생활을 1~2년 정도 짧게 치고 빠진 이혼녀는 이등병, 2~5년 사이는 일병, 5~10년 사이는 상병, 그리고 10년이 지났거나 기간이 짧더라도 둘 사이에 아이가 있다면 병장으로 구분된다고 말했다.

그녀의 분류대로라면 결혼생활이 아무리 짧았더라도 우리는 병장이다. 말년병장. 왜 이렇게 분류를 했을까 생각해보면, 다시는 보고 싶지 않은 사람이지만 우리는 아이가 있어 어쩔 수 없이 계속 만나야 하는 사이이기 때문이지 않을까 싶다. 아이가 있다면 10년 이상 결혼생활을 한 분들만큼 이혼하는 것에 대해 망설여질 수밖에 없는 것 같다.

이혼을 망설이게 되는 이유라고 하면 사회적인 시선, 경제적인 부분 등 여러 가지가 있을 것이다. 참 다양한 이유들이 존재하겠지만, 싱글맘이 되기 전 이혼을 망설이는 이유에는 공통적인 사항이 있다는 것을 발견할 수 있었다. 대개 경제적인 문제를 가장 큰 이유라고 생각할 수 있지만, 사실 이 부분은 대부분의 사람들이 공통적으로 하는 고민이기 때문에 여기서는 포함시키지 않았다. 싱글맘이 되기 전 이혼을 망설이는 공통적인 이유는 크게 두 가지다.

첫 번째, 아이를 혼자 키우게 되는 상황에서 아이가 상처를 받을까 봐 고민한다. 나는 당당하고 괜찮아도 아이가 상처를 받는 것을 달가워할 부모는 이 세상 어디에도 없다. 그래서 아이를 위해서 이혼하지 않는다고 말하는 부부들이 많은 것이다.

두 번째, 개인적인 부분이기도 하고 이 고민을 다른 사람에게 털어놓을 수도 없어 속으로만 생각하는 분들이 많은 것 같다. '이혼도 했고 다른 사람의 아이도 있는 나를 사랑해줄 남자가 있을까?' 싶어 망설이는 것이다. 그녀들의 삶을 경험해보지 않고서는 이해하지 못할 수 있지만, 지극히 자연스러운 고민이라고 생각한다. 혼자 살아가기에는 너무 많은 세월이 남았고, 비록 이혼을 고민하고 있지만 사랑받으며 살아갈 권리가 있다. 아쉽게도 아직까지 이해 못 하는 사람들이 있어 친하지 않으면 굳이 입 밖으로 꺼내지 않지만, 이런 고민을 하고 있다는 것을 내가 먼저 말하면서 알게 되었다. 그때마다 이런 고민을 하는 내가 나도 이상해서 부정했는데 사실 그 부분도 이혼을 망설이는 가장 큰 이유라고들 이야기한다. 참으로 안타까운 일이다.

엄마이기 이전에 여자인데, 왜 이렇게 당연한 일을 다른 사람들의 시선 때문에 참아야 할까? 나 또한 예전에는 다른 사람들의 눈치를 보며 살았을지 몰라도 지금은 내가 맞는다고 생각하면 다른 사람들의 생각은 개의치 않는 자기결정권을 가지고 있다. 그러다 보니 이혼을 결정함과 동시에 그전까지 남편 흉도 보지 않던 내가 SNS를 통하여 이혼 소식을 당당하게 공유했다.

처음에 나도 'SNS를 탈퇴하고 새로 만들까?'라는 고민을 하기도 했다. 내 SNS 속에는 전남편의 모습도, 내가 유부녀로 살아왔던 모습도, 딸의 모습도 고스란히 담겨 있었기 때문이다. 그러다 문득 '내가 왜 그런 선택을 해야 하지?'라는 생각이 스쳐지나갔다. 힘든 육아를 하면서도 가끔 웃을 수 있었던 것은 SNS 덕분이었기 때문이다.

아이와 둘이서 인적 드문 시골에서 직접 만날 수 없는 육아맘들과 고민과 일상을 공유하며, 딸과 비슷한 시기에 태어난 딸의 친구들이 크는 모습을 보며 잠시나마 행복을 느꼈던 나에게 지금의 계정은 오래된 애인과 다름없다. 그렇게 전남편의 모습이 담긴 사진만 삭제하고 당당히 나의 이혼 소식을 공개했다. 역시 나의 판단은 틀리지 않았음을 바로 알 수 있었다. 기대하지도 않았는데 나의 소식을 들은 사람들이 멋있다며 진심으로 응원해주었다. 그리고 부러워하기도 했다. 한편 나와의 교류를 끊는 육아맘들도 있었다. 약간 속상한 마음이 생기긴 했지만 시간이 지나보니 그 마음이 이해가 되었다. 이혼하기 전 행복하지 않은 결혼생활을 할 때 나 또한 행복한 결혼생활을 하는 것 같은 육아맘들과 팔로워를 유지하는 것이 힘들었던 것처럼, 나와 다른 삶을 사는 사람과 공감하거나 모든 사람들이 나를 좋아하게 하기에는 무리가 있다는 것을 인정하게 되었다.

실제로 나를 싫어하는 분들이 있는가 하면, 나의 SNS를 통해 행복해지기도 하고 반성을 하기도 하고 대리만족을 하기도 한다는 분도 분명히 있었다. 그리고 생각했던 것보다 나무라는 사람들보다 응원하는 분이 훨씬 더 많아 놀라웠다. 전남편의 지인들과도 연결이 되어 있다는 것이 약간 아쉽긴 했지만, 그에 비해 나에게 더 큰 행복을 주었기 때문에 계속해서 이어갔다. 그렇게 사랑하는 연인과 이야기를 주고받듯이 SNS에 이혼 후 나의 삶도 자연스럽게 공개되었다.

이혼 후 더 예뻐지고 밝아지는 나의 모습을 지켜본 사람들에게서 연락이 오기 시작했다. 이유는 본인도 이혼하고 싶은데 망설이고 있다는 것이었다. 이혼 후 더 잘 사는 나의 모습을 보고 방법이 궁금해서 연락했다고 했다. 처음에는 그냥 대수롭지 않게 넘겼는데 이런 연락이 한 통, 두 통 늘어나게 되었다. 그러다 보니 실제로 많은 사람들과 직접적으로 진실하게 고민을 공유할 수 있게 되었다. 그 덕분에 내가 이혼을 결심할 때 가장 고민했던 부분과 이혼을 고민하고 있는 엄마들의 고민이 대체적으로 같다는 사실을 알게 되었다. 그리고 지금은 나에게 이렇게 말하는 분들이 정말 많다.

"비밀인데 나도 이혼했어. 10년 넘도록 고친다고 했던 부분은 여전히 고쳐지지 않더라. 빠르고 현명하게 선택 잘했어. 나도 시간을 되돌릴 수 있다면 조금 더 빨리 이혼을 했다면 좋았을 것 같다 싶어. 이혼 후 남은 시간이 많아서 부러워." 이렇게 말씀하시는 분들은 보통 40~50대, 오랜 시간 결혼생활을 유지하기 위해 노력했던 분들이다.

오랫동안 이혼을 고민했음에도 생각이 바뀌지 않았다면 더 이상 이런 이유로 이혼을 망설이지 않았으면 좋겠다. 지금은 비록 두렵고 무섭게 느껴질 수 있지만, 분명 이혼 후 시간이 자연스럽게 해결해줄 것임을 믿어 의심치 않는다. 혼자 일어설 자신이 없다면 〈싱글맘학교〉에서 기꺼이 도움을 드릴 테니 망설이지 말고 밝은 미래를 위해 용기 내보길 바란다.

아이가 아빠 없이 산다고
손가락질 받으면 어쩌지?

많은 여자들이 남편은 미워도 아이가 있어서 이혼하기를 망설인다. 그래서 어른들이 부부가 오래 함께하기 위해서는 아이가 있어야 한다고 그렇게 입이 마르고 닳도록 말하는 건가 보다. 하지만 이제 시대가 변했다. 요즘은 출산도 그렇지만, 결혼도 최대한 지양한다. 늦어진 결혼에 걸맞게 결혼은 하더라도 '우리는 아이 없이 둘이서 행복하게 살겠다'는 딩크족도 늘고 있다. 이런 결과를 보고 어른들은 큰일이라고 말한다. 하지만 나는 '어쩜 아이를 낳아보지 않고도 이렇게 현명한 선택을 할 수 있었을까?' 싶다.

싱글맘이 되고 난 후로 주변 분들이 '아이를 혼자 키우면 힘들지 않겠냐?'고 많이들 물어본다. 솔직하게 말하면 이혼 전과 후의 차이를 크게 느끼지 못했다. 결혼생활을 유지하고 있을 때에도 바쁘다는 핑계로 아빠의 자리에 그 사람은 잘 없었기 때문일까? 내가 아이를 낳고 회복 중일 때에도 그는 아이를 위해서 마당에 벽돌작업을 한다고 했다. 황금연

휴라 차가 밀린다는 이유로 병원에 오는 일도 별로 없었다. 마음속으로는 벽돌작업을 왜 굳이 지금 해야 되는지 이해할 수 없었지만 딸에게 예쁜 마당을 보여주고 싶다 해서 이해하려고 노력했다. 아이가 마당에서 뛰어놀려면 아직 1년은 더 걸릴 텐데 싶었지만. 결과적으로 예쁜 마당이 아닌, 하다 말아서 더 지저분한 상태가 되어 있었다.

퇴원하는 날, 마당에 벽돌을 쌓느라 오지 않는 남편의 빈자리를 채우기 위해 엄마가 일주일 동안 집에도 못 가고 고생하시는 모습을 보고 간호사들이 뒷담화하는 것을 들었다고 이야기했을 때 역시 남편은 아무것도 해주지 않았다. 너무 섭섭했다. 임신 8개월 때쯤 남편에게 분명히 선택권을 주었다. 산부인과가 워낙 작아서 불안하기도 하고, 남편도 바쁠 것 같아서 친정 근처에 있는 산부인과로 옮기려고 했었다. 그때 그냥 다니던 산부인과에 다녔으면 한다는 남편의 말에 '남편도 아이가 자주 보고 싶나 보다' 싶어 내심 기분이 좋았다. 하지만 오지도 않고 벽돌을 쌓을 거였으면 진즉에 다른 병원에 다닐 수 있게 해줬으면 엄마가 잠이라도 편하게 잤을 텐데 하는 아쉬움도 있었다. 그런 나도 한번은 너무 답답해서 왜 이렇게 안 오느냐고 물어봤다. 그랬더니 남편은 장모님이 있는데 자기가 있기 불편하다고 했다. 당신이 바쁘다고 안 오니까 엄마가 못 가고 있는 거라고 말하고 싶었지만 꾹 참았다.

산후조리원에 있을 때도 별반 다르지 않았다. 산후조리원 또한 '남편도 아이가 보고 싶겠지?' 싶어서 집 근처로 예약했는데, 남편은 바빠

1장 ♡

서 잘 오지 않았고 오더라도 아이를 잠깐 보고 금방 갔다. 아침에 조금 더 자는 게 좋다며 잠도 항상 집에 가서 잤다. 피곤하면 안 되지 싶으면서도 서운해지는 마음은 어쩔 수 없었다. 그럴 줄 알았으면 산후조리원도 친정집 근처에 잡을 걸 싶었다. 조리원 퇴소 날짜는 다가오고, 이렇게 나가면 평생 후회할 것 같은 마음에 잠시만 있다 가려고 온 남편에게 자고 가면 안 되냐고 물어봤다. 그렇게 하루만 같이 있다가 갔다. 하지만 괜히 자고 가라고 했나 싶었다. 두세 시간에 한 번씩 유축을 할 때마다 옆에서 움직이는 게 불편하다는 눈치였다. 기분 탓일 수도 있지만 그렇게 느껴졌다. 나도 깨고 싶어서 깨는 게 아닌데 싶으면서 그래도 같이 자주는 게 어디냐고 생각했다.

나는 항상 혼자이거나 엄마와 함께였다. 남편은 일주일에 한 번 쉬는 날에도 동호회에 참여해야 했기 때문에 함께할 수 있는 시간이 정말 별로 없었다. 여러 번 이해하려고 노력했으나 나도 모르게 언제나 2순위인 기분이 들어서 속상했다.

섭섭함이 계속 커지면서 이혼을 하고 싶다는 생각을 하게 되었다. 그때마다 망설이게 되었던 건 나 역시 딸아이 때문이었다. 나에게는 너무 불만족스러운 남편이었지만 아이에게는 뭐 그럭저럭 나쁘지 않은 아빠였기 때문이다. 남편과의 결혼생활로 어른들의 말 중에 내가 한 가지 새겨듣지 못했던 말이 생각났다. '여자는 자신을 더 좋아해주는 남자와 결혼해야 된다'는 말이었다.

겉으로 보면 남편이 나를 더 좋아했을 것이라고 생각하는 사람들이 많았지만, 사실상 남편은 나를 '거둥(거북이등껍질)'이라고 부를 만큼 내가 남편을 더 좋아했었던 것 같다. 그러다 보니 서로가 헤어짐을 택하기로 했을 때 참 다행이다 싶으면서도 섭섭했던 게, 나에게는 잘하지 못했더라도 딸에게는 아빠 역할을 다하고 싶다고 하는 전남편의 태도였다. 그의 마음속에 내가 없었던 날이 생각보다 오래된 것 같았다. 그는 더 이상 나를 사랑하지 않는 것 같았다. 그는 그렇지 않다고 해도 자연스럽게 나오는 행동을 보면 인정할 수밖에 없을 것이라고 생각한다.

다행히 지금도 아빠의 역할은 잘해주고 있다. 그리고 결국 이혼을 결심할 수 있었던 건 예전에 딸의 입장에서 엄마를 바라보던 내 마음이 그와의 헤어짐을 응원해주는 것 같았기 때문이다.

내가 과연 다시 사랑받고 살 수 있을까?

이혼하기 전에 '이런 고민을 하는 것이 과연 맞을까?' 싶으면서도 고민이 되는 것은 자연스러운 일이다. 이혼을 한 것도 흠이라면 흠인데, 그 사람과 아이까지 낳고, 거기다 아이를 낳기 전과는 너무 많이 달라진 나의 얼굴과 몸매. 자기 자식을 낳아주었음에도 불구하고 아이의 아빠마저 사랑해주지 않는 내가 과연 다시 사랑받고 살 수 있을까?

이 고민이 왜 이르다고 생각하는지 사실 나는 잘 모르겠다. 보통 사랑받고 싶어서 한 결혼인데 이혼을 고민한다는 것은 사랑받고 있는 느낌이 들지 않아서인 경우가 많을 것이다. 그리고 현실적으로도 남편이 없던 사람은 없는 것에 대한 공허함을 느끼지 못하지만, 있었던 사람은 없어진 부분의 공허함이 크게 느껴진다. 이 말은 내 친구를 통해서도 인증된 이야기다.

내 친구는 고등학교 때까지 단 한 번도 남자친구를 사귄 적이 없었다. 그러다 보니 남자친구와 헤어지고 바로 다른 남자친구를 사귀는 경우를 이해하지 못하겠다고 했다. 사실 남자한테 관심이 없어서인지 남자친구를 사귀는 것 자체를 이해 못 했던 것 같다. 그랬던 친구가 대학교에 입학하고 첫 연애를 하게 되었다. 눈도 꽤 높았던 아이였는데 거기에 비해 그렇게 잘생기지 않아서 놀라기도 했지만 친구는 남자친구를 꽤 많이 사랑하는 것 같았다. 그랬던 친구가 한창 연애를 하는 중에 "이제 남자친구랑 헤어지고 나면 왜 바로 다른 남자를 만나는지 알 것 같아. 없었을 때는 몰랐는데 연애를 해보니까 지금 남자친구랑 헤어지면 내 삶이 너무 허전하다고 느껴질 것 같아"라고 말하는 것이 아닌가.

연애와 결혼이 이런 부분에서는 같은 맥락이 아닐까? 처음부터 결혼을 해보지 않았다면 몰랐겠지만 결혼해서 같이 살다가 헤어진다면 허전함이 느껴질 수밖에 없다. 그래서 남편이 없다는 상상을 하면서 공허함을 채워줄 사람에 대해 이런 고민을 하는 것은 너무나 당연하다. 그리고 굳이 남편이 있던 자리의 공허함이 아니더라도 100세 인생이라는데 아이만 키우며 평생 혼자서 살아갈 수는 없지 않은가?

사람은 사랑을 해야 젊어지고 예뻐진다. 나는 아이를 낳기 전 예쁜 몸매를 가지고 있었다. 하지만 지금은 그에 비해 몸매가 형편없이 망가졌다. 특히 모유 수유 이후에 나의 가슴은 온데간데없이 사라졌다. 사랑하는 딸을 얻고 나의 가슴을 잃었다고나 할까. 산부인과를 잘못 선택한 죄로 처음부터 가슴에 젖이 가득 차 있어 아기가 직접 먹지 못하게 돼버려 가슴 마사지숍을 자주 찾았다. 처음에는 아무 말 없다가 세 번

째쯤 가니 가슴 마사지사가 조심스럽게 말했다.

"산모님은 다섯 쌍둥이를 낳았어도 모두 모유로만 키울 수 있었겠어요. 모유 양이 많은 사람은 가끔 보지만, 이렇게나 양이 많은 사람은 처음 봐요. 앞전에 산모님이 가시고 나서 젖은 패드를 보고 놀랐는데, 처음이라서 많은 거겠지 했는데 지금도 처음과 별반 다를 게 없이 계속 많네요. 이렇게 많은데 겨드랑이나 뒤로 넘어가지도 않고 유선염, 젖몸살도 없었다니 진짜 신기할 따름이에요. 양이 너무 적어도 문제지만 이 정도로 많으면 충분히 고민이 되시겠어요. 양이 너무 많으니 단유 하는 것을 생각해봐도 좋을 것 같아요. 아이가 어느 정도 먹어줘야 유지가 되는데 한 명으로는 유지하기가 어려울 수 있을 것 같아요."

실제로 나는 아이에게 젖을 충분히 먹이고도 하루 2리터 정도의 모유를 유축해야만 젖몸살을 앓지 않을 수 있었다. 유축을 해도 찐득찐득하게 남아 있었기 때문에 가슴이 항상 불편했다. 그렇게 어쩔 수 없이 뽑은 모유는 냉동실을 가득 채워서 버리기도 하고, 쓸데가 없어서 모유로만 아이를 씻기기도 하고, 모유비누 만드는 곳에 기부를 하기도 했다.

그러다가 유축을 하면 할수록 수전증과 빈혈이 동반되는 것 같아서 '짝가슴이 되더라도 일단은 살고 봐야겠다' 싶었다. 그렇게 6개월은 한 쪽으로만 수유를 했다. 보통 그러면 모유가 안 나올 수도 있다고 했는데 그런 일은 나에게 일어나지 않았다. 분유를 먹이고 싶었지만 강하게 거부하는 딸에게 항복했다. 그러다 아이가 모유 대신 우유를 먹을 수 있는 때가 되자마자 바로 단유를 했다. 최대한 빨리 끊어야 내가 살 수 있을 것 같은 기분이 들었다.

그러다 보니 어느 정도 모유 수유 후 나의 가슴이 예전 같지 않을 것이라는 각오를 하긴 했다. 그럼에도 단유를 하고 처참해진 내 가슴을 차마 볼 수가 없었다. 연예인들이 가슴 모양 망가진다고 모유 수유를 안 한다는 이야기를 들었을 때에는 이해를 못 했었다. 그렇게 생각했던 나에게 준 벌인가 싶을 정도로 암담했다. 가능하기만 하면 모유 수유를 하기 전으로 시간을 되돌리고 싶었다. 처음 그 망가진 가슴을 보며 나도 모르게 남편에게 말했다. "나랑 이혼할 마음이 생기면 다른 건 몰라도 가슴 수술비용은 꼭 위자료로 줘야겠어요."

그날이 아직도 생생하게 기억난다. 지금 생각해보면 내 말이 그 사람에게 참 불편함을 줬을 수도 있겠다 싶으면서도 그날의 나는 다른 사람의 마음을 헤아릴 만큼의 그릇이 되지 못했다. 지금도 가슴 수술이 두렵긴 하지만 꼭 하고 싶다. 아직도 그때의 가슴은 그대로 유지하고 있지만 하고 싶지 않기도 하다. 진심으로 모유 수유 후 망가진 나의 가슴도 있는 그대로 예쁘다고 사랑해주는 남자가 세상에 있기 때문이다.

이혼 후 과연 다시 사랑받고 살 수 있을지 고민 상담을 하는 지인에게 충분히 사랑받을 수 있다고, 오히려 더 사랑받을 수 있다고 내 경험에 빗대어 말하자 그분이 갑자기 "나 눈물 날 것 같아"라고 했다. 당황스러운 마음에 "왜 그래요?"라고 물었다. 그 후 지인의 이야기를 듣고 나도 눈물이 났다. 본인 친구 중에 싱글맘인 분이 있는데 내가 말한 것과 똑같이 이야기했다는 것이다.

우리가 눈물을 흘린 사연은 대충 이런 내용이었다. "자기 자식을 낳아준 남자는 망가진 몸을 쳐다보지도 않는데, 남의 자식 낳으며 망가진 몸을 가진 나에게 오히려 다른 남자가 예쁘고 소중하다고 난리라고. 그때마다 기쁘면서 슬프다고."

요즘 남자들은 겉보다 속을 본다는 게 진짜인 것 같다. 남의 자식을 낳았어도 전남편보다 충분히 예쁘다, 소중하다 해줄 사람이 앞으로 많을 것이다. 내가 장담한다.

앞으로 과연 다시 행복할 수 있을까?

"왜 이혼했어?" 이혼 소식을 전하면 꽤 자주, 아니 거의 모든 사람들이 묻는 질문 중 하나였다. 답해야 하는 나로서는 늘 당황스럽지만 상대방 입장에서 생각해보면 너무나 당연한 질문이기도 하다.

보통 우리도 친구들과 만남을 이어가고 있는 중간에 누군가 남자친구와 헤어졌다고 말하면 나도 모르게 "왜? 무엇 때문에?"라고 물어보는 것이 자연스럽지 않은가? 이런 질문에 나는 왜 헤어졌는지, 헤어진 이후의 정당함을 인정받기 위해 내가 처했던 상황을 구구절절 설명하곤 했다. 과거에 남자친구와 헤어졌을 때에는 항상 명확한 이유가 있었다. 예를 들면 주사가 있어서, 너무 철이 없어서, 내가 생각하는 사람이 아니어서 등등 사소한 이유라도 분명히 있었다. 그런데 이혼한 이유에 대해서는 아직도 명확한 답을 못 찾았다.

왜 그런 것인지 곰곰이 생각해보았다. 보통 커플로 인연을 맺고 헤어지는 것이 부부가 인연을 맺고 헤어지는 것보다 쉽고 단순하다. 마음이 아픈 것은 똑같을 수 있겠지만 형식적으로도 그렇고, 부부는 특별한 이유가 있지 않은 이상 헤어지는 일이 쉽지 않다. 특히 아이가 있을 땐 더더욱 어렵다. 그렇다는 것은 이혼을 결심하는 이유가 보통 단 한 가지가 아니라는 결론이 나왔다. 그래서 이유를 명확하게 찾을 수 없었다. 물론 예외인 경우도 있을 수 있다. 상대방의 바람을 제외하고 나를 포함해 한 가지 이유로 헤어지는 것을 고민하는 사람은 없을 것 같다.

나는 SNS에 이혼 소식을 올릴 때 아무리 생각해도 답이 나오지 않아서 이렇게 글을 남겼다.

'이혼을 하게 되었다. 왜 이혼을 하게 되었는지 궁금해하실 것이라는 것, 나도 잘 알고 있다. 그래서 말해드리고 싶었으나 아무리 생각해도 정확한 이유는 생각나지 않는다. 부부가 아이를 낳고 헤어지는 진짜 이유를 딱 한마디로 정의할 수 있다면 그 부부는 헤어지지 않을 수 있었을 것 같다고 생각한다. 이제 워킹맘이자 싱글맘이 되었지만, 나는 너무 행복하고 또 하나의 기회라고 생각할 예정이다. 많은 응원을 부탁드린다.'

지금도 저 생각에는 변함이 없다. "왜 이혼했어?"라는 질문에 딱 한마디로 이유를 대기에는 무리가 있다. 그렇게 많고 많은 이유 중에서 내가 '이혼을 해야겠다!'고 결심하게 된 이유, 결심할 수 있었던 이유는 차차 이야기하겠다.

'엄마에게 행복한 결혼생활을 보여주고 싶다!' 앞서 말했듯 이것이 나의 결혼 이유 중 하나였다. 엄마는 정말 재혼할 생각이 없으셨다. 지금은 괜찮아도 자식으로서 챙겨줄 수 있는 것도 한계가 있을 텐데 나중에 엄마가 혼자 쓸쓸히 있을 수도 있겠다는 생각이 들었다. 나도 평범한 가정을 동경했다. 평범하게 남편도 있고, 아이도 키우면서 화목하게 잘 사는 가정. 나는 그냥 평범하기만 하면 되었는데……

지금은 나에게 왜 이런 결과가 나올 수밖에 없었는지 알고 있다. 하지만 이런 사실을 모르던 때에는 신이 있다면 왜 항상 나에게 이런 시련을 주는지 모르겠다 싶을 만큼 원망하기도 했다. 솔직하게 이야기하자면 나도 나름 이것저것 따져서 괜찮은 신랑감과 결혼을 했는데 왜 이런 결과가 나온 것인가 싶었다.

임신하고 결혼하고 아이를 낳고 키우며 남들 눈에는 별 탈 없이 살고 있는 것 같은데, 이상하게 나는 남편과 함께 하는 것이 아니라 이 모든 걸 혼자 하는 기분이 들었다. 그럼에도 불구하고 남편은 나의 노고를 인정해주는 것 같지도 않았다. 나는 남편을 위해 많은 것을 희생했다고 생각했는데, 남편은 나로 인해 본인의 많은 것이 바뀌었다고 했다. 내가 하는 것은 너무나 당연하다고 생각하는 동시에, 오히려 나의 희생은 본인에게 하나도 도움이 되지 않는 것들이었던 셈이다.

그중 하나의 사례를 이야기하자면, 나는 남편에게 생활비를 달라고 당당하게 말하지 못했다. 그렇게 하는 것이 마땅한 것인지도 몰랐다. 돈이 없다는 나에게 엄마가 이상하다며 계속 물어보셨고, 그제야 남편에게 정기적으로 생활비를 받는 것이 당연한 것임을 알게 되었다.

그렇게 처음 남편에게 생활비를 달라고 이야기하니 아이러니하다는 눈빛을 보냈다. 남편이 본인 명의의 카드를 주었는데 내가 쓰지 않았기 때문이다. 나는 내 명의의 카드만 썼고 내 수중에 있던 현금은 이미 다 소진되었고, 임신 전 썼던 카드 값이 밀려서 빚이 쌓이고 있었다. 남편에게 생활비를 달라고 하는 것이 그땐 왜 그렇게 미안했을까? 돈 쓸 일이 생기면 주겠다는 남편에게 붕어빵 하나를 사 먹을 때도 일일이 말을 해야 된다는 생각만으로 비참한 기분마저 들었다.

그런 상황에서도 나는 오히려 남편을 이해하려고 애썼다. 그저 '돈을 모아놓았으면 이런 일이 없었잖아! 다른 임산부들은 육아휴직을 받아 집에 있으면서도 월급을 받는데 그런 직장에 취직 못 한 건 내 탓이잖아!'라고만 생각했다. 그리고 보면 어른들이 자기 자식 결혼해서 떵떵거리며 살라고 혼수나 예물로 기싸움을 하는 것이 다 경험에서 나오는 행동이었나 보다. 그러면서도 내가 아닌 남편 어깨의 짐을 덜어주고 싶다는 마음이 먼저 들었다. 결혼하고 엄마에게 용돈 한 푼 주지 못하는 상황도 싫었다. 그래서 재택부업을 찾아보았고, 입덧을 견뎌가며 블로그나 인스타그램 마케팅 일을 시작했다.

매일 꾸준히 하다 보니 처음에는 형편없던 나의 블로그도 어느 순간부터 쓰는 족족 상위노출이 되었고, 인스타그램에도 점점 재미를 느끼게 되었다. 자연스럽게 노출이 잘 되어서 광고 제안도 들어왔고, 쇼핑

몰 창업을 통해 실제로 돈을 벌기도 했다. 내 힘으로 돈을 벌어 쓰는 것이 세상에서 제일 편하고 행복한 것임을 그때 느꼈다. 아쉽게도 남편은 이런 내가 마음에 안 들었나 보다. 내가 수익을 낸 것도 사실이지만 미리 필요한 곳에 카드를 긁고 나중에 카드 값을 내려고 보면 돈이 항상 부족해서 빚은 줄지 않았다. 그러다 엄마에게 돈을 빌려달라 했고, 나의 상황을 들은 엄마가 이 부분은 남편에게 이야기하는 것이 맞는 것 같다고 하셨다.

나는 남편에게 내가 돈을 벌기는 하지만 정기적으로 생활비가 필요하고, 신혼여행 비용을 카드로 결제하여 아직 갚을 금액이 남아 있다고 이야기했다. 그러다가 재택부업에 대해 자세한 이야기가 오갔다. 남편은 내가 일을 시작하기 전에 초기비용을 투자한 사실을 못마땅해했고, 부업 때문에 더욱 육아를 힘들어하고 집안일도 매일 하지 않는 것을 마음에 들어하지 않았다.

그 이후 남편은 나의 잔소리를 재택부업 때문이라고 생각했고, 내가 집안일이나 밥을 안 챙겨주는 것도 육아 때문이 아닌 재택부업 때문이라고 생각하는 것 같았다. 빚을 해결해준다고 해서 다행이라고 생각했는데 아쉽게도 이 사건으로 인해 나는 더 남편 눈치를 보게 되었다. 그래도 내 잘못이라고 생각했다. 그렇게 생각하려고 노력했다. 그런 노력에도 불구하고 시간이 지나면 지날수록 왜 나만 계속 맞춰줘야 하는지 의문이 들었다. 그런 마음이 들 때마다 서운함이 계속 쌓여가고 있었다. 그렇게 계속 마음에 담고 담다가 급기야 남편과 대화를 시도했다. 그랬더니 나의 말과 행동에 문제가 있다고 하는 게 아닌가. 그 또한 수 긍하고 다양한 책과 다른 사람들의 조언을 통해 문제점을 고치기 위해 여러 가지 실천을 해보았다.

다행히도 처음에는 효과가 아주 좋았지만 아쉽게도 오래가지는 못했다. 그때마다 엄청난 회의감이 들었고, 또다시 다른 방법을 실천해보았지만 항상 나만 맞추고 바뀌려고 노력하는데 남편은 전혀 그러지 않는다는 것에 화가 났다. 내가 바뀌려고 노력해도 달라지는 것이 없다는 것은, 상대방은 바뀌지 않는다는 뜻이었기 때문이다. 결국 마지막이라고 생각하며 처음으로 남편에게 당당하게 따지고 들기 시작했다. 내가 이제껏 노력했던 것들에 대해 이야기하면서 왜 당신은 달라질 생각을 하지 않느냐고, 왜 항상 당신에게는 잘못된 부분이 없다고 생각하느냐고 물었다. 그에게 이렇게 말하기까지 꽤 오랜 시간이 걸렸다. 내가 원했던 것은 그가 본인의 행동을 인정하고 미안하다고 사과 한마디를 하는 것이었다. 큰 바람은 아니라고 생각했는데 그에게는 그 또한 큰 바람이었나 보다.

남편은 항상 본인이 한 행동은 마땅한 행동이고, 내가 바뀌었으면 좋겠다고 이야기하는 부분은 내 생각이 잘못된 것이라고 말했다. 그리고 내가 남편이 원하는 대로 행동하지 않으면 불만을 토로했고, 내가 말하는 것은 왜 들어주지 않느냐는 질문에는 말을 예쁘게 해야 들어줄 마음이 생기지 않겠느냐고 말하곤 했다. 아쉽게도 그는 끝까지 본인에게도 잘못이 있다는 생각을 전혀 하지 않았고, 나는 결국 포기를 선언했다.

요즘은 '남편을 바뀌게 하는 법을 알려주는 곳'도 있다고 들었다. 그런 곳도 도움이 되긴 하겠지만 그렇게 해서 바뀔 남자도 있고, 그렇게 해도 바뀌지 않는 남자도 있다. 물론 어떻게든 이혼하지 않기 위해 노력하는 마음이 필요 없다는 것은 절대 아니다. 오히려 이혼을 준비하는 동안에 꼭 필요한 마음이다. 나는 이혼을 하라고 부추기는 입장이 결코 아니다. 단지 이혼하지 말라고 극구 반대할 마음도 없을 뿐이다.

나처럼 최대한 노력을 해보되, 그것이 소용없다는 것을 느끼고 내가 뒤돌아봐도 미련을 가질 수 있는 마음의 잡초를 모두 뽑고 나서 이혼을 진행했으면 할 뿐이다. 내 방법이 정답은 아니지만, 결과적으로 나쁘지 않은 방법이었다. 이런 과정을 통해서 나는 알 수 있었다. '지금 이 사람과 헤어지는 것이 나에게 맞는 선택이겠지만 이 사람에게도 맞는 선택이겠구나!'

100세 인생, 지금부터 족히 60년 이상 더 같이 살아야 되는 동반자인데, 벌써 행복하지 않다고 느끼는 결혼생활이라면 분명히 어떻게 해서든 이 부분을 해결해야 된다고 생각한다.

결혼생활을 유지할 것이라면 불편하다고 느끼는 부분을 개선해서 지금보다는 행복한 생활로 바꾸든지, 내가 했던 방법들을 통해 개선의 여지가 없음을 인정하고 지금 당장 이혼하는 것이 나의 행복을 위한 최고의 선택이다. 그러니 아이에 대한, 혹은 가족에 대한 죄책감을 가지지 않고 하루라도 빨리 이혼을 해야 한다.

혹시 지금의 선택을 후회하는가? 그렇다면 과거 자신이 이혼을 결심했던 이유를 돌아보면서 다시 전남편을 만났다고 생각해보라. 그런 상태로 앞으로의 인생을 살아갈 자신이 있는가? 길고도 긴 인생, 나의 행복을 위한 최선의 선택이었음을 잊지 말자.

나 때문에 이혼 못 한
엄마를 바라보는 딸의 속마음

　이혼이 흠은 아니라지만 그렇다고 자랑거리도 아니다. 이 사실은 나도 충분히 이해한다. 나의 모든 행동을 이해해주기를 바라지 않는다. 다만 절대 본인의 이혼을 쉽게 생각하고 한 사람은 없다는 것을 이야기하고 싶다. 지금은 결국 이혼을 했지만 내가 결혼생활을 유지할 때 나만의 철칙이 있었다. 바로 '남에게 남편의 험담을 하는 것은 내 얼굴에 침 뱉는 일이다'라는 생각이었다. 그래서 최대한 남편의 좋은 점만 이야기하려고 애썼다. 그랬던 나였기에 주변 사람들에게 나의 이혼 소식은 꽤나 놀랄 만한 일이었을 것이다.

　엄마도 비슷한 반응이었다. 이혼을 결심하기 전에는 엄마에게마저도 굳이 남편의 험담을 하지 않았다. 헤어질 것도 아닌데 남편과 안 좋았던 이야기를 하면 나는 마음이 편해질지 몰라도 얼마나 사위가 밉고 못미더울까 싶었다. 그러다 보니 아이의 문화센터에 가서 다른 엄마들과 대화를 할 때에도 남편이나 시댁 이야기가 나오면 굳이 대화에 끼지 않았다. 당장 나의 고민은 해결될지언정 좋은 점은 없을 것 같았다.

겉으로는 티를 내지 않았지만 사실 속으로는 '이 결혼생활, 과연 계속해도 될까?' 하는 마음을 출산 이후부터 계속 이어왔다. 남편에 대해 계속 이런저런 불만이 있었기에 둘째는 절대 낳으면 안 되겠다 싶어서 철저하게 피임을 했다. 시간이 지나면 해결될 줄 알았던 나의 감정은 '돌잔치를 정상적으로 할 수 있을까?'라는 생각으로까지 이어지게 되었다. 아마 그때는 내가 그런 마음을 가지고 있는지 아무도 몰랐을 수도 있다. 나 혼자만 딸아이가 엄마, 아빠 모두 있는 상태에서 행복한 돌잔치를 치를 수 있어서 다행이라고 생각했다.

지금 아이 때문에, 아이가 있어서 결혼생활을 억지로 유지해가는 사람들도 너무나 많을 것이다. SNS를 통해서 가끔 이런 댓글이나 메시지를 받게 된다.

"단이 엄마를 보면서 대리만족 느끼고 갑니다. 멋있어요. 너무 부러워요."

"저도 이혼하고 싶은 마음은 굴뚝같은데 아이들이 있어서 쉽지 않더라고요. 정말 진심으로 응원합니다. 꼭 성공해서 저에게 용기를 주세요."

"이혼하고 점점 예뻐지고 당당해지는 모습 너무 보기 좋아요. 그러다 보니 자꾸 저도 모르게 소식 보러 오게 되네요. 딸 둘 엄마인데 저도 언젠가 혼자 될 수도 있어서 눈여겨보고 있습니다. 진심으로 행복해 보여요. 부러워요."

처음 한두 통은 그냥 인사인가 싶었는데 굳이 이런 인사를 할 이유는 없다고 생각했다. 솔직히 이런 댓글이나 메시지를 받으면 나의 모습이 행복해 보인다고 하니 기쁘기도 하지만 많은 여자들이 이런 생각을 가지고 있는 현실이 슬프고 안타까운 마음이 더욱 크다. 이렇게 나에게 용기 내어 메시지를 보내주는 엄마들은 기회가 된다면 꼭 한번 안아드리고 싶다.

이혼하는 과정이 절대 쉽지만은 않은 것도 사실이다. 세상을 혼자 살아가야 한다는 부담감, 세상에서 가장 가까운 사이였던 그와 세상에서 가장 먼 사이가 되어야 된다는 아픔 등 여러 가지 이유가 있지만, 역시 아이가 가장 큰 고민의 원인이다. 나 또한 이 고민을 가장 오랫동안 하였고 이혼 후 아빠를 찾는 딸을 인정하기까지도 많은 시간이 걸렸다. 가끔은 아빠가 보고 싶다는 딸에게 화가 나기도 했다. 그런 와중에 가끔은 금방이라도 눈물이 왈칵 흐를 것같이 엄청난 죄책감이 들 때도 있었다. 그럼에도 불구하고 이혼을 결심했던 이유 중 과거의 나에게 묻는 과정이 있었기에 이런 상황을 단 한 번도 후회한 적이 없다.

앞서 말했듯 우리 엄마는 폭력적인 남편에게 10년 넘도록 맞고 살다가 힘든 법정싸움 끝에 혼자가 될 수 있었다. 정확히 내가 중학교 1학년이 되던 해에 엄마는 혼자가 될 수 있었다. 나는 이런 엄마에게 늘 미안한 마음을 가지고 있다.

우리 아빠의 폭력은 일반적인 폭력과는 비교가 되지 않았다. 책이나

가전제품도 집어던지고, 식칼을 드는 것도 놀라운 일이 아니었으니까. 그런 아빠에게 시달려 남동생 전에 가졌던 아이는 세상 밖에 나오지 못했다고 했다. 임산부였던 엄마에게도 식칼 공격은 계속되었던 것이다. 얼마나 무서웠을까. 그런 결혼생활을 하던 엄마가 내가 중학교 1학년 때가 아닌 초등학교 2학년 때 이혼할 수 있는 기회가 사실 있었다. 그때의 기억과 감정 또한 너무나 또렷하다. 그때 이혼을 하지 못한 엄마는 무려 5년이라는 시간을 남편의 폭행에 더 시달려야 했다. 당시 엄마가 이혼하지 못했던 가장 큰 원인이 '나'였다는 생각을 가지고 있다. 그러다 보니 그 이후 아빠에게 맞는 엄마를 볼 때면 이런 생각을 할 수밖에 없었다. '나만 없었으면 엄마는 굳이 이런 고통을 겪지 않아도 되었을 텐데……'

지금은 많이 나아졌지만 10년 전만 해도 남녀가 이혼을 할 경우 아무리 남자의 귀책사유가 크다고 할지라도 경제적 능력이 있는 남편에게 친권과 양육권이 가는 것이 보통이었다. 그러다 보니 엄마는 어쩔 수 없이 견디고 견디다가 이러다 죽겠다는 생각이 들어서 도망갔던 적이 있다. 그때 한동안 친할머니, 친할아버지가 우리 집에서 지내고 있었고, 너무나도 싫지만 이제 엄마 없이 아빠 밑에서 커야 된다는 사실도 눈치껏 알 수 있었다. 긴가민가하고 있던 나에게 아빠가 휴대폰을 사주면서 당부의 말을 건넸다. "절대 엄마랑은 연락하면 안 돼!"

그러면서 더는 엄마랑 만나서도 안 된다고 하셨다. 초등학교 2학년이었던 내가 평생 엄마를 만날 수 없다는 사실을 감당하기엔 무리였는지 그날부터 갑작스럽게 병이 났다. 겉으로는 아무 이상이 없었지만 증상은 심각했다. 화장실 변기에서 엉덩이를 떼면 또 소변이 마려운 것 같은 기분이 들어서 24시간 중 20시간을 변기에만 앉아 있었다. 그렇게 학교에서도, 집에서도 화장실 변기에만 앉아 있었으며, 그렇지 않으면 소변이 나올 것 같은 극도로 불안한 마음에 노심초사했다. 여행은 고사하고 3분 거리의 마트를 가다가도 잔뇨감에 나오지도 않는 소변을 누기 위해 차를 세워 차도에서 볼일을 보려고 시도했다. 참 신기한 게 그렇게 금방이라도 나올 것 같았던 소변은 항상 한 방울도 나오지 않았다. 일상생활이 전혀 불가능해져버린 것이었다.

이런 나의 상황은 자연스럽게 엄마에게 전달되었고, 이를 계기로 엄마는 집으로 돌아오셨다. 한편으로는 다행이다 싶으면서도 또 한편으로는 엄마가 걱정되었다. 덕분에 나의 이상 증세는 금방 호전되었다.

이후에도 아빠의 공격은 계속되었다. 그때마다 나는 엄마에게 너무 미안했다. 나로 인해서 제 발로 지옥으로 걸어 들어올 수밖에 없었던 엄마. 그 모습을 지켜본 딸. 그때 내가 아프지 않았더라면 엄마는 지금보다 더 행복해지지 않았을까? 이렇게 생각했던 나의 죄책감은 지금도 남아 있다.

실제로 아이만 보고 결혼생활을 유지하다 보면 나도 모르게 내 인생을 아이에게 보상받고 싶은 심리가 생기게 된다. 다 그렇다는 것은 아니지만 대개 그런 상황에서 부모들은 아이에게 이렇게 말한다. "네가 어떻게 나한테 그럴 수 있어? 내가 너 하나 보고 이렇게 살고 있는데 네가 나한테 이러면 안 되지."

자신은 절대로 그런 말을 안 할 거라 생각할 수 있지만, 그러기 쉽지 않을 것이다. 그렇기에 싱글맘이 되어 아이를 위해 살아가면서도 반드시 나의 행복과 성장을 위한 방법을 끊임없이 찾아야 한다.

사실 지금처럼 풍요로운 시대에도 평범한 이들은 나 하나 챙기고 살아가기 바빠서 부모를 섬기기 힘들다. 그런데 미래에 우리 자녀들이라고 크게 다를 것 같지는 않다. 더하면 더했지 덜해지지는 않을 것이다. 사랑하는 우리 아이가 나 때문에 죄책감을 느끼며 살아가지 않도록 이제는 자신을 위해서 살아가야 한다. 나 말고 아이를 위해서라도 꼭 필요한 생각이다. 아이가 자신만을 위한 인생을 살아갈 수 있도록 모범적인 모습을 보여주고 진심으로 응원해줄 수 있는 엄마가 되어보자. 비록 이혼을 하게 되었을지언정 아이에게 죄책감이 아닌 깨달음을 줄 수 있는 엄마가 되도록 말이다.

충분히 아파하고 인정하라,
그리고 용서하라

"괜찮아?"라는 질문에
익숙해지는 법

"왜 이혼했어?" 이 질문을 지독히도 많이 들었다. 내가 간단하게 이야기하면 너무나 자연스럽게 다들 "많이 힘들겠다, 괜찮아?"라고 말하곤 한다. 그런데 실제로 사랑했던 부부가 이혼하는 것과 사랑했던 커플이 이별하는 것은 남자와 여자가 서로 사랑하다가 헤어졌다는 큰 맥락에서는 같다. 그렇게 생각하면 이런 질문이 이어지는 것은 너무나 자연스러운 일이다.

나 또한 친구들이 남자친구랑 헤어졌다고만 해도 "왜 헤어졌어?"라는 질문 다음으로 너무나 자연스럽게 "많이 힘들었겠네, 괜찮아?"라고 말했던 것 같다. 이런 질문을 한 사람이 나와 꽤 친밀한 사이면 아무렇지 않은데, 나와 친하지 않은 사람들이 물어보면 '내가 굳이 이런 것까지 이야기를 해야 하나?' 싶기도 하다. 아이도 있고, 아무래도 쉽지만은 않은 선택이었음을 상대도 알고 조심스럽게 질문을 건네는 것은 너무나 잘 안다. 그렇기에 나는 항상 "괜찮아?"라는 질문에 "괜찮다"고 대답을 해왔다. 실제로 괜찮은 것 같았다.

남녀 관계에서 여자가 남자에게 먼저 헤어지자는 말을 건넸을 땐 이미 다시 만나기 힘든 상황인 경우가 많다. 여자는 이미 감정 정리까지 어느 정도 끝낸 다음 헤어지자는 이야기를 하기 때문이라고 한다. 그래서 아무리 오래 만난 사이여도 과연 진심이 맞았나 싶을 정도로 아무렇지 않을 수 있다. 다른 사람들이 너무 차가운 것 아닌가 의아해할 정도다. 오히려 오래 만난 사이일수록 이런 상황은 조금 더 뚜렷하게 나타난다.

생각해보면 나도 예전 남자친구에게 이별 통보를 먼저 했을 땐 바람이라도 난 여자처럼 아주 칼같이 끊어냈다. 그리고 지금도 내가 이혼을 결심하고 감정 정리도 스스로 끝내고 각오를 하고 있던 부분들이 많아서 그런지 생각보다 너무 괜찮다. 덕분에 나는 "괜찮아?"라는 질문에 항상 웃으며 "괜찮아"라고 대답할 수 있다. 그런데 이상하게도 그렇게 대답하면 할수록 나의 내면에 거짓말탐지기가 있는 것처럼 '거짓' 신호가 더욱 강하게 느껴지는 기분이었다. 남녀가 헤어진다는 큰 맥락은 같지만 실제로 깊이에서 차이가 많이 나서인지 괜찮은 줄 알았는데 사실은 괜찮지 않나 보다.

"괜찮아?"라는 질문이 왜 자연스러운 것인지 모르겠다고 생각하는 분도 있을 것 같다. 그래서 준비한 상상의 시간. 오랜만에 친구를 만났다. 그 친구는 3년 정도 남자친구와 알콩달콩 연애를 하고 있었기에 너무나 자연스럽게 "남자친구랑은 잘 지내?"라고 물었다. "응, 잘 지내!"라는 대답이 돌아올 줄 알았던 나의 예상과 친구의 대답은 너무나 달랐다. "나 사실은 헤어졌어"라고 대답하는 친구. 속으로는 '괜히 물어봤다!' 싶을 수 있겠지만 그렇게 이야기할 수는 없는 노릇이다. 나의 당황함을 숨기기 위해 너무나 자연스럽게 나는 친구에게 물어본다. "아, 정말? 어쩌다가? 괜찮아?"라고. 자연스레 안타까움을 가득 담은 눈빛으로 "괜찮아?"라고 묻는 나의 질문에 활짝 웃으며 괜찮다고 대답하는 친구.

　과연 당신은 그 친구를 보면서 어떤 생각을 할 것 같은가? 앞의 상황을 조금만 수정해보겠다. 그 친구는 결혼해서 3년 정도 알콩달콩 결혼 생활을 하고 있었다. 그래서 너무나 자연스럽게 친구에게 물었다. "남편이랑은 잘 지내?"라고. "응, 잘 지내!"라는 대답이 돌아올 줄 알았던 나의 예상과는 달리 "나 사실 이혼했어"라고 대답하는 친구. 속으로는 '괜히 물어봤다!' 싶을 수 있겠지만 그렇게 이야기할 수는 없는 노릇이다. 그러면 나의 당황함을 숨기기 위해 너무나 자연스럽게 나는 친구에게 물어본다. "아, 정말? 어쩌다가? 괜찮아?"

　나의 질문에 활짝 웃으며 "괜찮아"라고 대답하는 친구. 그 친구를 보면서 당신은 어떤 생각을 할 것 같은가? 첫 번째 상황과 두 번째 상황은 비슷한 것 같으면서도 참으로 무게가 다르다는 것을 느낄 수 있을 것이다. 나는 밝고 긍정적인 성격을 가지고 있어서 그런지, 감정 정리가 어느 정도 된 상태에서 대답해서 그런지 항상 괜찮다고 대답했던 사람 중한 명이었다. 실제로도 정말 괜찮은 것 같았다.

남편과 헤어지기 전, 모든 상황을 예상해보았다. 그런데 크게 달라질 게 없을 것 같았다. 남자친구와 헤어졌을 때도 그랬고, 전남편과 헤어졌을 때도 마찬가지였다. 같은 상황인데, 그 사람과의 깊이만 약간 달라졌을 뿐인데 상대방의 반응은 묘하게 달랐다. 3년 정도 만났던 남자친구와 헤어졌을 때 나를 바라보는 남들의 시선과 3년 정도 살던 전남편과 이혼했을 때 나를 바라보는 남들의 시선은 매우 비슷하면서도 많이 달랐다.

괜찮다고 하는 나에게 더더욱 안타까운 눈빛을 보내며 위로를 하거나, 어떻게 괜찮을 수 있는지 물어보기도 했다. 그때마다 나의 감정도 제각각이었다. 괜찮다고 하는데 안타까워하고 위로해주는 게 가끔은 짜증 날 때도 있었고, 고마울 때도 있었다. 나는 진짜 충분히 행복하고 괜찮은데 그렇지 않다고 느끼는 것 같은 반응이 화가 날 때도 있었다. 괜찮다는데 왜들 그렇게 생각하는지 정말 알 수 없었다.

이혼 후 행복하다고 아무리 이야기를 해도 다른 이들의 고정관념 속에 사는 싱글맘들의 이미지가 좋지 않아서인지 '이혼하고 혼자 아이를 키우게 된 안타까운 여자'라는 이미지를 지우는 것이 쉽지만은 않았다. 그런 반응에 크게 신경 쓰지 않고 원래의 생각대로 행동했다. 굳이 힘들게 그렇지 않다고 설득시키며 다닐 필요는 없다고 생각했다. 이혼하면서 이제껏 다른 사람들의 생각대로 행동하고 다른 사람의 평계를 대던 과거의 나를 버리고 내 인생은 나의 것, 다른 사람들이 뭐라고 해도 내가 가고 싶은 길을 향해 걸으면서 '나를 위해 사는 삶'을 실천했다.

그러려고 그런 건 아니었지만 자연스럽게 삶이 행복하다고 느끼게 되었고, 웃음이 많아지면서 나에게 "무모하다, 그냥 참고 살지 뭐 하러 이혼까지 했어?"라고 스스럼없이 말하던 사람들도 먼저 연락을 해오기 시작했다. 그들은 "보기 좋다. 얼굴이 너무 좋아졌다. 멋지다. 꼭 성공할 것 같다"라는 말로 미안한 마음을 전하곤 했다. 이런 상황을 다수에게 겪다 보니 어쩌면 그 사람 주변에는 나처럼 이혼해서 싱글맘이 되고, 처음의 마음과 달리 행복하게 살아가는 싱글맘이 진짜 없었는지도 모르겠다는 생각이 들었다. 더불어 왜 싱글맘들이 행복하게 살아가는 것이 힘든지, 다른 사람들의 반응에 과민반응을 하게 될 수밖에 없는지도 이해가 되었다.

싱글맘, 정말 괜찮다. 괜찮기 위해서 택한 길이다. 물론 쉽지 않은 여정일 수 있으나 이미 선택을 한 이상 부디 다른 사람들의 말에 귀를 닫고, 당신이 생각했던 길로 당당히 걸어 나가길 바란다. 그러다 보면 굳이 애쓰지 않아도 사람들이 나의 선택을 인정해주는 때가 올 것이다.

괜찮은 줄 알았는데
왜 이럴까?

보통 여자가 '헤어지자'는 말을 할 때는 이미 감정 정리까지 된 후라고 한다. 그렇기 때문에 헤어진 후에도 그렇게 아파하는 모습을 보이지 않아서 냉혈인간이라는 말을 듣기도 한다. 나 또한 그랬고, 정말 행복한 인생을 살게 되었다고 말하고 다니기도 했다. 여기서 우리가 주목할 부분이 있다. 그녀는 정말 아무렇지 않았을까? 아마 그녀가 본인과 아주 가까운 인연이었다면 알 수 있을 것이다. 그녀가 아무렇지 않은 척하고 있거나, 이런 결정을 하기까지 이미 많이 울었기에 지금은 덤덤할 수 있다는 사실을 말이다.

나도 마찬가지다. 남자친구에게 헤어지는 말을 하기 전까지 이미 헤어지는 상상을 하며 몇 날 며칠 고통 속에서 많은 상처를 받고 울었던 덕분에 괜찮을 수 있었다. 그런 나에게도 '괜히 헤어졌나?' 하며 잠시나마 후회했던 순간이 분명히 있었고, 그런 나에게도 '괜히 이혼했나?' 하며 잠시나마 생각했던 순간이 분명히 있었다. 그런 생각이 들 때면 나는 또 한 번 느낄 수 있었다. '이래서 헤어짐도, 이혼도 충동적으로 하면 후회하게 되는 거구나.' 다행히 나는 그때도, 지금도 충분히 고민하고 아파하고 그럼에도 헤어지는 게 맞는다는 결론이 나왔기 때문에 잠시나마 후회했던 것도 금방 거둬낼 수 있었던 것 같다.

사실 예전 남자친구와 헤어졌을 때 나의 굳은 마음과는 다르게 끈질기게 다시 만나자는 남자친구의 요청에 다시 만났다가 일주일도 안 돼서 더 깨끗하게 정리했던 기억이 있다. 그때마다 나는 아픔을 나눌 수 있는 사람들과 술을 마시며 힘든 시간을 이겨냈다. "기쁨은 나누면 배가 되고 슬픔은 나누면 반이 된다"는 말, 다들 한 번쯤은 들어봤을 것이다. 이 말을 몸소 느낀 기간이었다고 할까? 이때 가장 중요한 점은 아픔을 나누는 사람들이 긍정적이어야 한다는 것이다.

혼자 술을 마시는 것은 최대한 자제하는 것이 좋다. 그래도 씻어지지 않는 걱정거리나 아픔이 남아 있다면 책을 읽거나 유튜브 〈김미경TV〉, 〈김창옥TV〉처럼 먼저 살아본 입장에서 이해해주고 토닥여주는 영상의 도움을 받아서라도 아픈 내 마음을 스스로 다독여줄 필요가 있다.

더 빠르게 치유하기 위해서는, 책 속에서나 영상에서 제시하는 조언을 실천하면 더욱 큰 효과를 볼 수 있다. 나 또한 어떻게 항상 매번 아프지 않고 힘들지 않고 행복할 수 있겠는가? 가끔 나 혼자 한없이 우울해지거나 아픈 날에는 친구들과 술도 마시고 수다를 떨며 잠시라도 걱정을 덜거나, 책이나 영상을 통해서 나의 아픔을 다독이는 시간을 꼭 가진다.

정말 솔직하게 이혼 직후에는 결혼의 실패 원인이 100% 남편에게 있다고 생각했다. 지금도 가끔 그렇게 느껴질 때가 물론 있다. 다행히도 지금은 내가 아픔을 이겨내기 위해 책도 읽고 영상도 보면서 노력해온 덕분에 나의 결혼생활이 잘 유지되지 않았던 이유가 100% 남편에게 있다는 것은 잘못된 생각이라는 것을 알게 되었다. 내가 처음부터 결혼을 통해 얻고자 했던 것들이 이미 잘못된 것이었다는 것도 알게 되었고, 남편에게 경제적으로 기대고 싶었던 마음도 잘못되었다는 것을 알게 되었고, 뭐니 뭐니 해도 그 결혼생활이 잘못될 수밖에 없었던 것이 내가 나를 사랑하지 않았기 때문이었다는 사실을 알게 되었다.

내가 나를 사랑하지 않으면서 다른 사람에게 나를 사랑해달라는 것은 말이 되지 않는 것이었다. 예전에는 아픔을 나누면 오히려 아픔이 더 크게 오는 것 같은 기분이고, 나의 약점을 다른 사람에게 공개하는 기분이 들어서 괜찮지 않아도 괜찮다고 했다. 그런데 이혼 후 처음으로 괜찮지 않으면 괜찮지 않다고 주변에 도움을 요청했다. 그리고 혼자서 나의 마음을 달래기 위한 시간도 투자했다.

아무리 감정 정리를 하고 각오를 했다 해도 지금 나에게 닥친 이 상황에 어떻게 한결같은 마음으로 괜찮을 수 있겠는가? 생각보다 괜찮지 않은 부분도 있을 것이고, 각오를 하지 않았던 힘듦이 나를 가로막기도 할 것이다.

'괜찮은 줄 알았는데 왜 이러지?' 이런 마음이 들거든 지금 당장 하던 일을 멈추고 괜찮은 마음이 들도록 나의 마음을 토닥이는 것에 시간을 투자하라. 혜민 스님의 책《멈추면, 비로소 보이는 것들》은 처음 인쇄 되었을 때 내용에 비해 잘 팔리지 않아서 잠시 판매를 중단하고 이유를 분석한 결과, 제목을 변경하자는 의견이 나와 변경했고 그 덕분에 베스트셀러가 될 수 있었다고 한다. 그렇게 고난 따위는 한 번도 없었을 것 같은 혜민 스님도 힘들면 멈췄다. 겉으로 아픈 감기 같은 증상은 누가 봐도 아픈 것이 티가 나서 괜찮다. 오히려 보이지 않는 내면의 아픔을 꼭 나 스스로 치료할 수 있을 때 치료해야 더 큰 에너지를 발산하는 사람이 될 수 있다.

"슬픔이 아직 생생한데 회피하면 문제가 더 악화될 뿐이다. 슬픔이 완전히 소화될 때까지 기다려야 한다. 그래야 남아 있는 슬픔을 즐거움으로 제거할 수 있다"라는 사무엘 존슨의 말을 기억하라. 아이를 혼자 키우게 된 나 자신을 용서하고 토닥여주며 조금 늦더라도 컨디션 회복을 한 후 출발선 앞에서 경기를 준비하는 것. 본인을 출발선 앞에 다시 세울 수 있는 사람은, 주변 사람들이 도와줄 수는 있어도 출발선에서 출발 신호가 울렸을 때 뛰어야 된다는, 뛰고 싶다는 마음은 나 스스로만 가능하다는 사실을 기억하라.

'괜찮은 줄 알았는데 왜 이러지?' 싶을 때 자신에게 이렇게 말해보자. '오늘도 괜찮을 줄 알았는데 오늘은 아닌가 보네! 그럴 수도 있지. 너도 사람인데 힘들 수도 있지. 그러면 오늘 잠시 쉬어갈까? 오늘 어떻게 하면 기분이 풀릴까? 조금 계획에 차질이 생기면 어때? 조금 늦게 결 승선에 도착하기만 하면 되지. 잠시 쉬어가, 그래도 괜찮아. 힘들 때는 쉬어가!'

충분히 아파해야
마음도 더 단단해진다.

당신은 지금 어떤 상태인가? 아이에게 아빠의 빈자리를 느끼게 했고, 행복한 결혼생활을 깨버린 그 사람이 너무나 밉고 원망스럽기만 한가? 많은 고민을 통해 이혼을 하는 것이 더 괜찮을 것이라고 생각했음에도 막상 이혼을 하면 예상과는 너무 다를 수도 있다.

다시는 보고 싶지 않지만 아빠를 보고 싶어 하는 아이, 가끔 나의 상황을 듣고 그 정도면 그냥 참고 살아도 괜찮지 않았겠느냐는 지인들, 이혼했다고 무언가 하자가 있을 것 같다는 마음으로 바라보는 시선들, 엄마와 아빠가 함께 참여해야 하는 어린이집 운동회 날 등 전남편과 이혼하지 않았더라도 빈자리를 채워주지 않았을 가능성이 크다는 것을 알지만 새삼 빈자리가 크게 느껴질 때가 분명 있을 것이다.

앞에 나열한 상황들이 내가 직접 피부로 느꼈던 불편한 상황이었기 때문에 잘 안다. 아무렇지 않을 것이라고 생각했지만 아무렇지 않지 않을 때도 있다. 그 마음 충분히 이해한다. 특히 내가 힘들고 무기력하다고 느낄 때 더 크게 와 닿을 것이다. 내가 힘들고 무기력해질 때는 항상 카드 결제일이었다. 이혼 후 제일 힘든 일도 역시나 생활비의 부족이었다. 사람은 항상 돈 앞에서 당당해지기도 하고 돈 앞에서 나약해지기도 한다.

돈이 없는 것도 없는 것이지만 끊임없이 육아를 했는데 매달 들어오는 양육비 외에 나에게 남은 것이라고는 아무것도 없다는 것이 너무 화가 났다. 거기다 경력 단절이었던 내가 아이를 어린이집에 보내고 할 수 있는 일을 찾기란 하늘의 별 따기 같았다. 아르바이트를 하기에 그나마 나은 곳이 고객센터인데 이마저도 근무시간은 9시~6시. 퇴근 후 아이를 데리러 가는 시간까지 생각하면 쉽지 않은 선택이었다. 뉴스나 신문에서나 보던 경력 단절. 아이 키우는 엄마들은 채용이 잘 안 된다고 하던데 그걸 떠나서 채용이 되어도 아이를 키우며 일을 하는 것이 쉬운 일이 아니라는 것을 피부로 느끼고 나니 '세상살이가 만만하지 않구나' 싶을 때도 있었다.

한부모가정이라 종일반을 보낼 수 있다고 해도 아이가 어린이집에 있는 시간을 계산해보면 '이게 뭐 하는 짓인가?' 싶은 마음부터 들었다. 여러 가지 인정하기 싫은 불편한 현실을 받아들이며 나의 불편한 감정과 처음 마주해야 하는 초반에는 이런 감정이 더욱 자주 들었다. 이혼보다 이혼 후 마주하게 되는 현실 때문에 주저앉고 싶을 때가 사실은 너무 많다. 이 시기에 나 또한 주저앉고 두 손 두 발 다 들고 싶을 때도 있었고, '아이가 없었으면 지금 좀 더 편했을까?' 싶은 생각도 잠시나마 한 적이 있었으니.

그렇게 힘든 시기를 보내고 있는 당신을 과연 제대로 위로해줄 수 있을까 싶으면서도 조금이나마 위로가 되었으면 하는 바람이다. 지금 아프면 세상에 욕도 막 하고, 슬플 때는 충분히 울기도 하면서 충분히 아파하라. 아이 앞에서 우는 것에 죄책감을 느끼는 분들이 많은데 오히려 겉으로는 웃는데 속으로는 우는 엄마를 보는 게 아이도 더 힘들 것이다.

아이를 붙잡고 본인의 상황을 아이에게 이야기하듯 하소연하며 대신 엄마가 꼭 이겨낼 것이라는 다짐을 하며 같이 울어라. 아이와 나의 감정을 공유하면서 같이 성장하며, 이런 더러운 현실을 나에게 선물한 세상에 복수할 수 있는 힘을 키워라. 너무나 당연한 이야기로 들릴 수 있겠지만 지금 당신의 이야기도 나중에는 '그땐 그랬지' 하고 웃으며 회상할 수 있는 시간이 분명히 올 것이다. 실제로 지하 끝까지 떨어져본 자만이 더 높은 곳으로 올라갈 수 있는 법이다.

지금 힘들면 충분히 아파하라. 자신을 다독일 충분한 시간이 필요하다. 그래야 당신도 앞을 향해 달려갈 힘이 있지 않겠는가? 나 또한 끝이 안 보이던 지옥 같던 시기가 1년 만에 끝났다. 여자는 약해도 엄마는 강하다는 말이 괜히 있겠는가. 우리는 다른 사람들보다 더 빠르게 성장하고 이겨낼 힘이 있다. 당신은 강하다. 시련도 이겨낼 힘이 있는 사람에게 닥치는 법이다. 그러니 힘을 내라. 혼자서 너무 힘든데 주변에 고민을 털어놓을 곳이 아무데도 없다면 나에게 오라. 지금 당신의 아픔을 누구보다 더 잘 알기에.

도움을 요청하는 건
창피한 일이 아니다.

마음의 상처가 아직 많이 회복이 안 된 상황이라면 이혼과 동시에 혼자 아이를 키우며 일한다는 것이 결코 쉬운 일이 아니다. 당신은 지금 괜찮다고 생각하고 있을 수도 있지만 실제로 하루에도 몇 번씩 마음이 왔다 갔다 움직이며, 내 안의 상처와도 싸우며 사회와 현실에 적응까지 해야 한다. 지금 당신이 겪어야 하는 상황에 적응해야 할 것이 너무 많다. 아무리 강한 사람이라고 할지라도 그렇게 많은 문제를 한꺼번에 해결할 수 있는 사람은 극히 드물다. 그렇기 때문에 지금 당신은 주변 사람들의 도움을 받아야 한다. 주변을 둘러보고 내가 어느 정도 부탁을 할 수 있는 상황이나 도움을 받을 수 있는 곳이 있다면 미안해하지 말고 일단 도움을 받기 바란다.

뻔뻔해져도 좋다. 당신이 강한 사람이 되기까지, 당신이 아이에게 신경을 써줄 수 있는 상황이 되기 전까지만이라도 도움을 요청하자. 미안한 만큼 잘되고 나서 잊지 않고 고마움을 표시하고, 본인이 아픔을 홀

2장

훌훌 털고 씩씩하게 일어나는 모습을 보여주면 되지 않겠는가?

나 또한 지금 엄마에게 아이의 육아를 부탁했다. 물론 처음부터 엄마에게 아이를 맡겨야 하는 상황이 그렇게 달갑지만은 않았다. 지금도 기회만 된다면 도움을 받지 않고 혼자서 아이도 키우고 돈도 벌고 혼자서 다 하고 싶은 마음이 굴뚝같다. 가정형편이 넉넉한 것도 아니면서 내가 하고 싶은 일을 하겠다는 이유로 서른 살이 다 되어가는 나이에 엄마에게 경제적인 도움도 요청하고 있다. 이런 지금 나의 상황이 절대 달갑지만은 않다. 어느 누가 다 큰 어른이 돼서 부모님에게 아이도 맡기고 돈도 가져가는 본인의 상황이 행복하기만 할 수 있겠는가?

나의 이야기를 들은 사람들 중에 가끔 양육비는 원래 엄마가 받아야 되는 돈이니까 괜찮다고 말을 하지만, 나는 양육비라는 것은 아이를 실질적으로 양육하고 있는 사람이 아이를 위해 사용해야 되는 돈이라고 생각했다. 그 돈은 내 것이 아니라고 생각했고 지금도 마찬가지다. 그래서 양육비는 엄마가 받고 있지만, 실제로는 그 돈이 내 것이라고 생각하지 않는다. 하지만 지금은 양육비를 핑계 삼아 돈을 빌리고 있다.

마음이 불편했지만 지금 나의 상황에서는 어쩔 수 없는 선택이었다고 생각했다. 내가 지금 도움을 받고 싶지 않다는 이유로 혼자 아이도 키우고 경제적인 활동까지 한다면 다가올 운명은 너무나도 뻔했다. 아이는 아이대로 힘들고, 나는 나대로 힘들고, 엄마는 엄마대로 불편하고. 지금 엄마에게 손을 벌리기 싫다고 차일피일 미루다 보면 오히려 나중에 더 크게 손을 벌려야 될 상황이 올 수도 있을 것이라고 생각했다. 그래서 마음을 바꾸었다.

지금은 비록 너무 죄송하고 미안하지만 대신 나중에 성공해서 두 배, 세 배로 갚아야겠다고 결심했다. 실제로 내가 도움을 받는 것이 싫거나 도움을 받고 있는 상황을 미안해만 한다고 해서 달라지는 건 아무것도 없다. 오히려 필요 없는 감정 소모로 인해 상황이 더 나빠질 뿐 좋아지기는 복권에 당첨될 확률만큼 드물다.

현실을 객관적으로 바라본 결과 내가 고마움을 표현할 수 있을 때까지만, 내가 강한 사람이 될 때까지만, 내가 경제적인 활동을 하는 것이 익숙해질 때까지만이라도 뻔뻔해지기로 결정한 것이다. 경제적으로 계속 도움을 받는 것이 미안해지면, 실제로 그렇게 생각하지 않더라도 나 스스로 어렸을 때 받았어야 될 용돈을 지금 받는 것이라고 여긴다. 아이를 봐주는 엄마에게 미안함이 느껴질 때면, 실제로 그렇게 생각하지 않더라도 내가 엄마를 필요로 했을 때 엄마가 엄마만의 시간을 쓰느라 함께해주지 못한 시간을 손녀한테 주고 있다고 생각한다. 이런 합리화를 통해 내가 더 빠르게 성장해 당당히 일어나는 것이 최고의 보답이라고 여긴다. 그저 죄송한 마음과 같은 쓸데없는 감정 소모로 사용될 에너지를 아끼고 내가 성장해야 되는 곳에 사용하고 싶었을 뿐이다.

나의 첫 번째 목표는 엄마에게 더 이상 경제적으로 손을 내밀지 않는 것이다. 그리고 앞으로 그 이상으로 경제적 도움을 드릴 수 있게 되는 것이다. 지금은 비록 엄마의 없는 돈마저 탈탈 털어가고 있지만 언젠가 엄마의 없는 통장을 두둑이 채워주는 날을 상상하며 하루하루 충실히 살아간다.

나도 아이와 함께 매일 시간을 보내고 싶다. 물론 지금 당장은 아이와 함께할 수 없는 나의 현실이 너무나 미안하고 아쉬운 마음이 크다. 그럴 때마다 감정 소모로 사용될 에너지를 아끼고 내가 성장하는 곳에 사용하고 싶다는 마음으로 나는 상상한다. 이런 시간 덕분에 나중에 딸에게 꿈이 생겼을 때 엄마도 꿈을 이뤘다고 당당히 이야기하며 돈 걱정 없이 아낌없이 꿈을 지지해줄 수 있는 멋진 엄마가 되어 있는 모습을.

앞으로도 하루하루 행복하다고 느끼며 살아가는 엄마의 모습을 보여주는 것이 아이에게 더 좋지 않을까? 내가 딸아이라도 나 때문에 행복하게 살지 못한 엄마의 모습을 보는 것이, 많은 시간을 함께하지 못하지만 행복하게 살아가는 엄마의 모습을 보는 것보다 더 힘들 것 같다. 그리고 행복하게 사는 엄마의 모습을 보면서 나라는 존재가 더 가치 있게 느껴질 것 같다. 이런 마음으로 나는 오늘도 주변 사람들의 도움을 받으며 열심히 성장하고 있다.

특히 나를 도와주면서도 무언가 해줄 수 있어서 다행이라고 생각하는 사람, 내가 이기적이어도 이해해주고 사랑하며 진심으로 나의 행복을 응원해줄 수 있는 사람 엄마의 도움으로 더욱 빠르게 성장하고 있다. '이래서 내리사랑이라고 하는가 보다' 싶은 생각이 들 만큼 나에게 사랑을 주면서도 행복해하신다. 이런 아낌없이 주는 사랑에 항상 감사한다.

때로는 조금 뻔뻔해질 필요가 있다. 이도 저도 안 되어 더욱 힘들어질 상황이 예상된다면 눈 한번 질끈 감고 어디에라도 도움을 요청해보자. 그때 나의 걱정이 무색할 만큼 엄마도 오히려 웃을 일이 많아졌고, 덕분에 아이도 밝고 건강하게 자라고 있고, 나 또한 기대보다 빠르게 성장할 수 있었고 더 성장하고 싶은 이유다.

헤어졌지만 헤어질 수 없는 사이, 현명하게 이어가는 법 ∘

'헤어졌지만 헤어질 수 없는 사이', 세상에는 이런 사이가 있다. 바로 이혼한 부부다. 하지만 이혼을 하고 나서도 이전처럼 아무렇지 않게 상대방을 바라볼 수 있는 이가 과연 얼마나 있을까? 아무리 사이가 좋았다고 하더라도 이혼하고 나서 아무 일이 없었던 것처럼 지내기란 불가능에 가깝다. 상대방과 서로 같이 살기 위해 최대한 노력을 해보았지만 그러지 못해 이혼을 결심하고, 이혼을 진행하는 과정에서 아무 문제 없이 순탄하기란 어렵다는 것을 너무 잘 알기 때문이다.

양육권 갖고도 다퉈야 했고, 양육비도 책정해야 했으며, 재산분할을 위해 고민했으며, 소송이혼이었다면 위자료를 측정하기 위해 상대방과 더 많이 갈등을 겪었을 수밖에 없다. 나도 깔끔하게 헤어진 편이라는 말을 듣기는 하지만 전남편을 아무 감정 없이 대할 수는 없었다. 아무리 협의이혼이라고 하더라도 모든 것이 다 나의 기대에 부응하지는 못했다. 전남편도 마찬가지였을 것이다. 중간에 아이 아빠가 본인이 아이를 직접 키우고 싶다고 해서 실랑이를 벌이기도 했고, 재산분할 문제 때문에 실랑이를 벌이기도 했다.

지금은 열심히 노력한 덕분에 내 마음속에서 전남편을 미워하고 증오하는 마음을 최대한 떨쳐내고 나니 고마움과 미안함만을 기억하는 것이 예전에 비해서 많이 쉬워졌다. 그게 뭐가 그렇게 힘든 일이냐고 반문하는 사람도 있겠지만 실제 주변의 싱글맘들이나 이혼한 분들 중에는 평생 상대방을 미워하고 증오하는 마음으로 살아가는 이들도 많다. 나 또한 지금의 감정을 유지하기까지 꽤 많은 시간이 필요했고 꽤 많은 노력 또한 필요했다.

이혼 후 가장 힘들었던 날이 언제냐고 물어보면, 그날은 바로 딸을 아이 아빠에게 보내야 하는 날이었다. 이런 상황을 정부에서도 이미 알고 있었나 보다. 이혼을 진행하는 과정 중에 미성년 자녀가 있는 경우 조정기간도 길어지지만 추가적으로 필요한 과정이 있다. 아마 이미 싱글맘이 된 분은 이 과정을 이수했을 것이다. 바로 헤어진 부모가 아이 앞에서 조심해야 될 말과 행동에 관해 알려주는 영상을 시청하는 일이다. 실제로 영상을 보면서 많은 부모들이 울기도 한다.

그 내용을 대략적으로 설명하자면, '전남편과 나와의 사이는 끝났지만 아이와의 인연은 계속된다'는 것을 인지시켜줌과 동시에 서로 좋지 않은 감정으로 헤어졌지만 아이 앞에서만큼은 엄마가 아빠 흉을 본다거나, 아빠가 엄마 흉을 한다거나 하는 행동을 했을 때 아이의 심리 상태에

영향을 끼칠 수 있으니 그런 상황을 최대한 조심해야 한다는 것이다.

당연한 이야기임에도 가끔 나도 모르게 영상 속에서 금지했던 행동들을 하고 있는 나를 인지하고 흠칫 놀랄 때가 있었다. 그리고 양육권을 가지고 주로 양육을 하는 부모가 이혼 후 약속된 면회시간을 존중해주고 지켜주어야 한다는 내용도 있었는데 교육을 받았으니 망정이지, 이 부분이 제일 힘들었다. 그때 당시에 내가 세상에서 제일 미워하고 증오하는 사람에게 내가 세상에서 제일 소중히 하고 사랑하는 아이를 맡긴다는 것이 어떻게 달가울 수 있었을까?

걱정과는 다르게 아이는 항상 잘 놀고 돌아왔지만 그 이후에도 적응이 되지 않는 것은 매한가지였다. 내가 쿨하지 못한 사람이라서 그런 것인지 모르겠지만 면회시간에 마주치는 것이 싫어서 아이를 아빠에게 보내는 일을 엄마에게 부탁했었다. 그래도 연락만은 내가 직접하고 있었는데 그 사람과 연락을 할 때면 매번 행복했던 나의 기분이 나도 모르게 끝도 없이 추락하는 것을 느낀 뒤로는 미안하다는 사과와 연락 또한 엄마에게 맡기고 아직까지 연락을 일절 하지 않고 있다.

다른 사람들에게는 나름 배려를 잘하는 나인데 그 사람에게는 배려는커녕 예의도 지키지 못했다. 기분 나빴을 법도 한데 아이 아빠도 이해를 못 하는 건 아닌 것 같았다. 아이 아빠도 무시할 수만은 없는 입장이다 보니 맞춰주는 것인지는 몰라도 항상 잘 놀고 있다고 동영상도 찍어 보내주고 사진도 찍어서 가끔 보내준다. 이런 소식을 들으면 고맙기도 하면서 끝까지 긴장하고 있는 나에게 놀라기도 한다. 당연히 괜찮을 걸 알면서도 이상하게 계속 그런 마음이 드는 나에게 화가 날 때도 있다. 그냥 믿고 싶은데 그게 잘 안 된다.

　나의 기분을 엄마도 아시는 걸까? 면회시간을 미리 이야기해주지 않고 보내고 나서 이야기하시곤 한다. 이야기를 전하는 엄마의 목소리에 나의 눈치를 보고 있음을 알 수밖에 없다. 엄마의 마음을 읽은 나는 이렇게 말한다. "괜찮아, 엄마도 쉬고 좋지, 뭐!" 물론 진심이지만 그래도 아이가 아빠에게 가 있는 시간에는 늘 긴장이 되곤 한다.

　딸아이가 말을 하기 전에 우리는 헤어졌다. 그러다 보니 말로 자신의 기분을 표현하지 못하는 딸은 눈으로 나에게 자신의 기분을 전달하고, 눈으로 한 표현을 내가 인지하지 못한다고 느끼면 추가적인 손과 발의 움직임, 본인이 낼 수 있는 최선의 발음으로 나에게 전달했다. 사실 눈으로만 나에게 이야기하는 것도 인지하지 못하지 않았다. 아이가 아빠를 보고 싶어 함을 여기를 봐도 저기를 봐도 한눈에 알 수 있었으니까. 하지만 모른 척했을 뿐이다.

　하루는 너무나도 간절하게 손과 발과 최선의 발음으로 아빠가 보고 싶음을 표현하기에 모른 척하고 있던 나는 마음속으로 포기를 선언하며 딸에게 물었다. "아빠 보고 싶어?" 나 나름대로 어느 정도 생각했던 반응들이 있었는데 나의 어떤 상상에도 못 미칠 만큼 너무나도 빠르게 행복해하며, 드디어 엄마가 나의 기분을 알아줬다는 쾌감이 더해진 표정과 목소리로 딸은 대답했다. "응!"

딸은 "응"이라는 말이 다였지만 내 눈에는 딸이 그 이후에 추가적으로 하고 싶어 하는 말이 무엇인지도 보였다. '응, 내가 하고 싶은 말이 바로 그거였어. 엄마, 이 말을 너무 하고 싶었는데 단어를 몰라서 너무 답답했어. 나 아빠 너무 보고 싶어. 아빠 왜 안 와? 아빠 빨리 보여줘.' 그날 나는 비록 "응"이라는 대답뿐이었지만 그런 딸을 바라보고 있자니 나도 모르게 눈물이 흘러내렸다. 지금도 눈물이 맺히는 걸 보니 꽤 많이 슬펐나 보다. 딸이 아빠를 보고 싶어 하는 감정 때문에 운 것도 아니고, 보내기 싫어서 운 것도 아니다. 나는 그날 나의 이기적인 마음으로 딸의 감정이 내 마음과 같았으면 했던 유치한 엄마여서 미안했고, 아이와 아빠가 계속되는 인연이라는 것을 인정해주지 못해서 미안했다.

그렇게 큰 깨달음과 눈물을 흘리고 나서야 아이와 나는 그 사람을 대하는 감정이 같을 수 없음을, 아이는 충분히 아빠를 보고 싶어 할 수 있음을 인정하게 되었다. 딸과 함께 있는 시간은 내가 이제껏 했던 일 중에서 제일 힘들면서도 제일 즐거운 시간이다. 그러다 보니 나는 아직도 누군가 "아이를 낳는 게 좋을까요, 낳지 않는 게 좋을까요?"라고 물으면 바로 대답을 할 자신이 없다. 아이를 낳고 키우는 것은 세상 어느 것과도 비교되지 않을 만큼 기쁘고 행복한 일이지만, 세상 어느 것과도 비교되지 않을 만큼 힘들고 서러운 일이 많이 생기기도 하기 때문이다. '아이를 키우면서 부모도 함께 큰다', '아이가 자라면서 부모도 함께 자란다라는 말에 공감한다. 정말이지 내 아이에게 조금 더 좋은 부모가 되고 싶은 마음에 잘못된 행동은 한 번 더 생각해서 하지 않기도 하고, 포기하고 싶을 때 내가 포기하지 않을 수 있는 힘을 주는 아주 중요한 요소가 되기도 한다. 아직은 모든 것에 무뎌질 만큼 많은 시간이 지난 것은 아니다. 그래서 지금은 완벽하게 괜찮다는 말을 못하지만 눈에 띄게 괜찮아진 것도 사실이다.

'이 또한 지나가리라.' 정말로 시간이 지나면서 저절로 해결되는 일이 많다. 조금 더 빠르게 해결하고 싶겠지만 시간이 지나기를 기다리면서 거기에 걸맞은 노력을 조금만 함께 하면 된다. 너무나 간단하지 않은가? 그때는 감히 상상도 할 수 없었던 지금의 나. 나와는 끝이더라도 아빠의 역할은 끝까지 하겠다고 한 전남편이 죽도록 밉기만 했는데, 이제는 그랬던 아이 아빠에게 감사한 마음이 든다면 나쁘지 않은 발전이지 않은가? 실제로도 진짜 감사하고, 앞으로도 그 마음 변치 않아주었으면 좋겠다.

아무것도 모르는 줄만 알았던
아이의 속마음 ∘.

나는 겪지 않아도 될 일은 굳이 겪지 않고 싶고, 지나고 나서 후회할 시간에 돈을 들여서라도 후회할 일을 만들고 싶지 않은 마음이 강하다. 이런 면은 육아를 할 때도 나왔다. 그러다 보니 자연스럽게 육아전문가라는 사람들을 찾게 되었고, 그 덕분에 아무것도 모르는 것 같은 신생아 때부터 사실 모든 것을 다 알고 있다는 것을 알게 되었다.

육아를 하게 된 초보엄마가 처음으로 접한 전문가의 주장은 다음과 같았다. "태어날 때부터 영재인 아이는 없다. 태어나면서부터 부모의 끊임없는 자극과 놀이로 영재가 만들어지는 것이다." 그리고 실제로 이런 주장을 뒷받침하는 책들과 사례들도 많았다. 그러다 보니 나는 전문가를 신뢰하였고, 일찍이 아이를 영재로 키우고 싶다는 마음으로 남들보다 조금은 빠르게 교육을 시작했다.

나 스스로 그때의 나에게 왜 그렇게 힘든 길을 가려고 했는지 물어본다면 이렇게 대답할 것 같다. '아무리 아이를 원했다고 해도 실제로 낳고 키우다 보니 다른 친구들에 비해 내가 누리지 못하는 것들이 꽤 많게 느껴졌고, 그들과는 다르게 미래에 나의 시간이 헛되지 않았다는 것을 증명하기 위해 아이가 영재가 되는 것만큼 좋은 것이 없을 것 같았다고. 그리고 밑져야 본전이라고 아무것도 하지 않을 바에야 효과적으로 놀아주면서 뇌를 발달시키면 아이에게도 나쁠 것이 없겠다 싶었다.

그렇게 매일 미션도 수행하며 나름대로 최선을 다했는데 내가 그만두게 된 이유가 있었다. 처음 나의 의도와 다르게 나의 노력에 비해 별다른 효과가 나타나지 않거나, 딸아이보다 더 빠르게 성과를 내는 아이를 보면 나도 모르게 화가 나기도 하고 비교를 하기도 했다. 그런 정보에 의존하다 보니 거기에 나와 있는 대로 아이가 따라오지 못하면 괜히 초조해지면서 아이에게 문제가 있는 것이 아닌가 싶어 불안하기도 했다. 매일 반복되는 미션들에 지쳐가기도 하고, 돌도 안 된 아이를 데리고 뭐 하는 것인가 싶기도 했다. 거기다 프로그램 비용은 일반인이 따라가기에는 턱없이 비쌌다.

처음의 동기는 좋았지만 점점 변질되어가는 것이 느껴졌다고 할까? 거기에서 꼭 지켜야 된다는 것들은 요즘 세상에 지키기 어려운 일들이 너무 많았다. 그분의 주장이 이해는 되지만 그 과정은 나의 육아 스타일과 맞지 않는다는 생각이 들었다. 융통성 있게 키우고 싶었다고 할까? 그렇게 보내지 말라고 난리였던 어린이집도 마음 편히 보내고, 아이와 놀아주지 못할 때에는 절대 보여주지 말라던 스마트폰으로 시간을 버리기도 하고, 아이가 조금 느려도 언젠가 하겠지 하며 평화로운 마음을 가지게 되었다. 대신 아이와 놀아주겠다고 마음을 먹은 시간만큼은 정확하게 눈을 맞추면서 놀아주었다. 그랬더니 나도 편해지고 아이도 편해졌다. 그때는 정말 쓸데없는 시간이라고 생각할 정도로 아무런 효과가 없었는데 지금 보면 가끔 효과가 있었나 싶을 때도 있다.

그 프로그램은 내가 중도에 포기했지만 그분의 주장에는 아직도 신뢰를 가지고 있다. 그래서 나 나름대로 지킬 것은 지키고 있다. 그중 하나가 아이는 모든 걸 알고 있다는 것이었다. 그 정보대로 말을 잘 못할 때부터 아이가 이해를 하든 말든 신경 쓰지 않고 최대한 많은 것을 조잘조잘 이야기해주었다. 예를 들자면 나무를 보며 나무라고 이야기해주고, 차를 보고 '이건 엄마 차'라고 알려주는 정도? 내가 해보니 이런 엄마의 행동은 확실히 아이에게 도움이 되는 것이 느껴졌다.

아이가 다른 아이들에 비해 말은 늦게 해도 다른 아이들에 비해 말을 많이 알아듣고 있다는 것을 알았고, 아이의 특징에 대해 공부한 적이 있어 다른 아이들에 비해 눈(시력)이 많이 발달해 있다는 사실도 알 수 있었다. 그럼에도 나는 이혼 후 불안해하고 있을 아이에게 내 상황을 설명해주는 것을 잊었다. 법원에 이혼서류를 접수했을 때 딸은 만 한 살, 돌잔치를 한 날이 몇 개월 지나지 않았을 때였다. 엄마와 아빠는 사랑했지만 각자 다른 길을 가기로 결정했고 평소에는 엄마랑만 같이 있고 할머니가 자주 너를 돌봐줄 것이라는 것을, 그리고 아빠가 보고 싶을 때는 언제든지 만날 수 있다고, 엄마와 아빠는 헤어졌지만 너와 아빠의 인연은 평생 갈 것이라고 말해주지 않았던 것이다.

솔직히 이때는 과거에 내가 어쨌든 간에 이런 상황을 아이가 어떻게 알겠나 싶었다. 어떻게 설명을 해줘야 될지도 사실 잘 모르겠고, 최대한 천천히 알려주는 게 더 좋을 것이라고 생각했다. 그렇게 아이가 아무것도 모르고 있다고 생각한 나는 어느 날 아이와 함께 친구를 만나러 가게 되었다. 그때 아이가 아빠를 보고 싶어 했는데 아빠가 바쁘다고 해서 일부러 만든 자리였다. 길을 지나다가도 아빠와 비슷한 나이대의 남자만 보면 좋아해서 당연히 좋아할 줄 알았다. 그런데 놀랍게도 딸은 그러지 않았다. 20개월도 안 된 딸은 본인을 앞에 두고 아빠가 아닌 다른 남자와 엄마가 사이좋게 나란히 앉아 있는 것이 마음에 들지 않는다는 듯이 친구를 노려보는 것 같았다. 그 친구도 아이가 자기를 싫어하는 것 같다고 했다.

나도 그래 보였기에 당황스러웠다. 아이의 표정이 굉장히 화가 나 보이고 불편해 보였다. 그렇다고 그와 내가 친구 이상의 관계는 아니었다. 그러다 보니 '왜 이런 행동을 하는 걸까?' 고민되었다. 그러다 문득 스친 생각에 소름이 돋을 뻔했다. 딸에게 엄마와 아빠가 헤어졌다는 말을 해주지 않았는데 다른 남자와 같이 앉아 있는 것이 싫었나 싶었던 것이다. 반신반의하며 나는 친구한테 자리 좀 비켜달라고 부탁하고 딸과 대화를 시작했다.

"엄마와 아빠는 헤어졌어. 그리고 너는 엄마와 함께 살아갈 거야. 네가 아빠를 보고 싶어 할 때는 언제든지 볼 수 있지만 엄마는 아빠를 보지 않을 거야. 그리고 엄마가 어떤 사람을 만나든 딸과의 인연은 놓지 않을게. 엄마는 단이 없이는 하루도 못 살아. 그리고 저 아저씨는 그냥 엄마 친구야. 아무 사이 아니니까 걱정하지 마. 단이가 아빠 보고 싶어 하는 것 같아서 엄마가 친구한테 단이랑 놀아주라고 부탁했어. 그러니까 우리 밥 먹고 놀러 가자."

말을 알아듣지 못한다고 생각했지만 마치 알아듣는 듯 구구절절 하나하나 설명을 해주었다. 큰 효과를 기대하지는 않았는데 놀랍게도 아이가 내 말을 알아들었음을 인정할 수밖에 없었다. 그 후 아이는 친구에게서 원망스러운 눈빛을 거두었고, 화가 나 있던 아이의 얼굴에는 웃음꽃이 피었으며, 밥을 거부하던 아이가 밥을 먹기 시작했다. 친구가 나보다 더 반신반의하며 대체 뭐라고 이야기했는지 물어볼 정도로 놀라운 변화였다.

이런 일이 있은 후로 나는 딸아이에게 나의 상황과 기분을 항상 전달한다. 서울에서 일을 하고 친정집은 부산에 있어 딸과 함께하는 시간이 많지 않은 나는 오랜만에 딸을 만나면 항상 이런 이야기를 해준다. "엄마는 네가 너무 보고 싶었어. 단이도 엄마 보고 싶었지? 씩씩하게, 멋지게 엄마 올 때까지 기다려줘서 고마워. 엄마는 너의 옆에 없어도 언제나 너의 옆에 있다는 사실을 잊지 마렴. 너는 나에게 이 세상에서 제일 소중한 존재야. 그리고 엄마가 다른 남자를 만나도 절대 딸이랑 헤어질 일은 없을 거야. 네가 싫다 해도 엄마는 너와 함께할 거야. 부족한 엄마지만 엄마 딸로 태어나줘서 너무 고마워. 사랑해."

덕분에 자주 같이 있지 못하는 시간에 비해 딸과 나의 사이는 돈독하게 느껴진다. 내가 이렇게 이야기를 하고 나면 마치 알아들었다는 듯이 딸은 씨익 웃는다. 이제는 29개월이 된 딸이 대답을 하기 시작했다. 가끔 귀찮을 법도 한데 항상 웃으면서 "네"라고 대답한다. 그럴 때마다 이렇게 사랑스러운 아이의 엄마라는 사실이 너무 감사하다. 더불어 어머니께도 감사한 마음이다. 아무리 내가 노력한다고 해도 주양육자인 할머니의 도움 없이는 아이가 이렇게 밝을 수 없다는 것도 너무나 잘 알고 있기 때문이다.

엄마에게도 "사랑해요", "고맙습니다"라는 말을 하려고 노력한다. 아이에게는 쉬운데 엄마에게는 왜 이리 어려운 건지 모르겠다. 그래도 마음먹고 실제로 전달하려 애쓰는 중이다. 그럴 때마다 행복해하는 엄마를 보면 더 자주 할 수 있는 용기가 생긴다. 더 자주 해드리지 못해 미안한 마음이 든다.

혹시 아직 아이에게 아빠와 엄마의 상황에 대해 설명을 하지 않았다면 용기 내어 말해보면 어떨까? 최대한 엄마의 마음을 담아서 말이다. 아무것도 모르는 줄 알았던 아이가 사실은 내가 생각했던 것 이상으로 이 상황에 대해 이해하고 있을 수 있다. 그럼에도 정확한 사실을 알려주지 않아 쓸데없는 상상까지 더한 불안감을 느끼고 있다면 어떻겠는가? 나는 나의 행복도 중요한 만큼 딸아이의 행복도 중요하다고 생각한다. 그리고 이 세상 모든 싱글맘들과 그녀들의 아이들까지 모두 행복하길 바란다.

결혼은 복권과 같다는
당신에게 하고 싶은 말

'남편'이라는 단어 사이에 '의'를 넣으면 아주 찰떡이라서, 남편은 남의 편이라서 남편이라는 우스갯소리가 있다. 누가 처음 한 말인지 몰라도 참 공감이 간다. 그런 남의 편이라도 우리에게 한때 남편이었기 때문에 나와 가장 많은 시간을 보내고 제일 가까웠던 사람과 세상에서 제일 먼 사이로 지내게 된 것이기도 하다. '엄마 팔자 딸에게 물려준다'는 말을 듣게 될까 봐 절대 이혼만은 하지 않으리라 다짐했었건만. 처음 이혼을 하고 난 직후에는 '얼마나 남편 노릇을 제대로 못했으면 이혼을 할 수밖에 없게 만든 건지, 결국 엄마에게 그렇게 안 들었으면 했던 말을 듣게 한 건지' 싶어 전남편이 너무너무 밉고 싫었다.

결혼생활 중에는 남편이 나를 실망시키거나 섭섭하게 해도 '그래도 남편이니까' 하는 마음으로 이해하고 넘어갈 수 있었다. 하지만 이혼을 결심하고 난 후에는 남편의 행동들까지 이해하고 넘어가기에는 무리가 있었다. 내 속에 있던 감정쓰레기통에 이미 쓰레기가 넘치고 있어서였

2장

을까? 더 이상 감정을 누르는 것이 불가능했던 것 같다. 찬란했던 내 인생이 남자 한 명 잘못 만나 모든 것이 망가진 기분이 들었다. 다른 남자를 만나 결혼했다면 이 모양 이 꼴로 살고 있지 않았을 것이라고 생각했다. 혹시 당신도 나와 같은 마음인가? 전남편만 만나지 않았다면 당신은 지금보다 행복할 수 있었을 것이라고 생각하는가?

앞서 말했듯 결혼 전 나는 행복한 결혼이 곧 목표이자 꿈이었기 때문에 결혼생활에 대해 궁금한 것이 많았다. 그러다 보니 "결혼하면 뭐가 좋아요?"라는 질문을 자주 했었다. 그런데 너무나 놀랍게도 나는 단 한 번도 내가 원하는 대답을 들어본 적이 없었다. 나는 "결혼은 빨리 하면 할수록 좋지"라는 답을 듣고 싶었다. 하지만 항상 돌아오는 대답은 "좋은 건 없어. 늦게 결혼하는 게 최고지. 최대한 천천히 하는 게 좋아"였다. 그것도 진짜 동생 같아서, 진짜 딸 같아서 하는 말이라고 덧붙이곤 했다. 그런데 단 한 번도 '결혼하고 싶다'는 생각을 굽힌 적이 없었던 것을 보면 나도 징하게 결혼에 대한 환상이 컸었나 보다.

만약 이때 단 한 분이라도 내가 이해할 수 있을 만큼 구체적인 대답을 해주었다면 나의 선택은 달랐을까 싶은 생각을 한 적도 있었지만 아니, 그래도 그러지 않았을 것 같다. 결혼의 뜻을 굽히는 건 백번을 고민해봐도 아마 아니었을 것 같다. 누가 뭐라고 해도 결혼이 너무 하고 싶었다. 그렇다고 나 스스로 철없이 결혼하고 싶어 한다고는 생각하지 않았다. 나름 나의 경험과 사람들의 조언을 토대로 '이런 사람은 절대 안 돼' 또는 '이런 사람이라면 너무 좋아' 등 나만의 기준 속에서 나의 미래의 남편이 될 자격이 있는 사람을 만나기 위해 노력했으니까.

요즘은 인터넷을 검색해보면 아주 쉽고 간편하게 '결혼 잘하는 방법', '결혼하면 후회하는 사람들의 특징' 등 아주 자세하고 유용한 정보들을 찾아볼 수 있다. 결혼을 해본 사람으로서 소름 돋을 만큼, 결혼 전에 봤으면 참 좋았겠다 싶을 만큼 굉장한 정보가 많지만 뭐니 뭐니 해도 이 말이 제일 와 닿는 것 같아서 살짝 공유해보려고 한다. 이 말은 그냥 지나가면서 예능 프로그램에서 들었던 것 같은데 머릿속에서 떠나지 않았다. "결혼은 복권과 같다."

복권이 긁어봐야 꽝인지 대박인지 알 수 있는 것처럼, 결혼도 진짜 살아봐야 행복한지 불행한지 알 수 있다는 것이다. 진짜 괜찮을 줄 알았던 사람이 결혼해서는 정말 별로인 사람일 수도 있고, 진짜 별로일 줄 알았던 사람이 결혼해서는 정말 괜찮은 사람일 수도 있으니 말이다. 결혼 후 마음가짐이 달라지면서 좋은 시너지가 생기는 사람도 실제로 있다. 그리고 또 "결혼은 복권과 같다"는 말에 무릎을 딱 치게 되었다. 바로 복권처럼 결혼도 1등에 당첨될 확률보다 '꽝, 다음 기회에'에 당첨될 확률이 더 높다는 것이다.

결혼에서 1등은 '결혼하길 참 잘했다' 싶은 결혼생활을 뜻할 것이고, '꽝, 다음 기회에'는 '결혼한 것을 후회한다' 싶은 결혼생활을 의미한다. 실제로 주변을 조금만 둘러봐도 부모님이 정상적으로 두 분 다 있는 가정보다 이혼을 했거나, 같이 살아도 사이가 좋지 않은 부모님 때문에 스트레스를 받고 있는 사람들이 훨씬 많다는 것을 알 수 있다. 과연 그 많은 사람들이 사람 볼 줄 몰라서 그렇게 살아가는 것일까? 도대체 무엇 때문에 우리의 부모님들은 불행한 결혼생활을 할 수밖에 없었을까 한번 고민해보았다.

예전에는 실제로 선을 통해 결혼해야 할 타이밍에 만난 남자와 결혼하는 일이 많았다. 아무리 별로라고 해도 타이밍만 잘 맞춘다면 그냥 적당히 괜찮은 남자 사람이라는 이유 또는 집안에 남자 한 명은 있어야 한다는 등의 이유로 '이 사람과 결혼을 하고 싶어 죽겠다'가 아니라 '이 사람과 결혼을 할 수밖에 없는 상황이야'가 더 많았다.

그럼에도 과거에는 유교사상이 강하게 남아 있어서인지 여자들의 희생으로 잘 사는 척하며 살았던 것이 아니었을까 싶은 생각이 들었다. 그러다 보니 엄마의 결혼문화에서 지금의 결혼문화로 변화하지 못한 사람들과 변화한 결혼문화로 살기를 원하는 사람들이 대면하는 경우가 늘고 있는 것이다. 실제로 결혼을 하면 연애 때와는 다르게 '요즘에 그런 남자가 어디 있어?' 싶을 정도로 시대의 변화를 잘 읽고 실천할 줄 알았던 남자가 '요즘에도 그런 남자가 여기 있더라!'의 본보기를 보여주는 경우가 많다고 한다. 예를 들어 "집안일은 내가 할게"라고 말하던 남자와 결혼을 했는데 "내가 설거지를 하려고 했는데 남자가 그런 거 하는 거 아니라고 부모님이 화를 많이 내시네, 어떡하지?"라고 말하는 남편,

"우리 집에는 제사 없어"라고 말하는 남자와 결혼했는데 "사실 내가 결혼할 때쯤에는 제사를 지내지 않을 줄 알았는데 엄마가 아직은 지내야 한다고 하시네. 조금 있으면 안 한다니까 조금만 참자"라고 말하는 남편을 만나게 되는 것이다.

그렇게 결혼 전과 결혼 후가 너무나 다른 남자에게 수긍하면서 살다가 참다못해 황혼 이혼을 하는 부부도 많다는데 우리라고 뭐 별 수 있을까? 드라마에서 결혼 후 평생 고생만 하던 엄마가 이런 말을 한다. "이 양반이 평생 손에 물 한 방울 안 묻히고 살게 해준다고 약속해놓고 평생 손에 물만 묻히며 살고 있다." 속상하지만 그만큼 많은 엄마들이 공감할 수 있는 이야기라는 말이기도 하다. 결혼 전 약속을 믿는다면 정치 공약에도 빠지기 쉽다는 말이 괜히 나온 것이 아니다.

지금 생각하면 참 부끄럽지만 나도 결혼 전에 했던 생각들을 솔직하게 고백해본다. 본인이 요리도 해주고 집안일도 다 해준다는 전남편의 공약이 너무나 좋았고 대박이라고 생각했다. 이미 어느 정도 인지도도 있고 자리를 잡은 식당을 운영 중이어서 먹고사는 것이 힘들지 않을 것 같았다. 그리고 본인 명의의 집을 이미 소유하고 있어서 집 때문에 고생하지 않아도 될 것 같았다. 나이도 내가 원하는 대로 아이를 빨리 가지는 것이 부담스럽지 않은 적당한 나이라고 생각했고, 지인들에게도 그렇게 '사람 좋다'는 이야기를 듣고 있었다. 주사도 없었으며, 패션 감각이 있어 나이 차이가 많이 나는 것에 비해 거의 티가 나지 않았다. 내가 보기에는 충분히 매력적인 외모였고, 노래방을 좋아하는 내게 꼭 필요한 장기인 노래도 잘했다. 하얀 피부를 가진 아이를 가지고 싶다는 이유로 무조건 하얀 피부여야 된다고 생각했는데 그는 하얀 피부였다. 그리고 자녀는 부모의 성향을 그대로 닮는다고 하여 부모님 사이가 좋은 가정환경에서 자란 곳으로 시집을 가야겠다 싶었는데 그의 어머니, 아버님의 사이 또한 너무 좋아 보였다. 결혼 후 나의 오해였음을 알았을 때의 충격이란 뭐라 말할 수 없다.

여러 가지 면에서 그는 내가 원하던 1등 신랑감이었다. 과거를 돌이켜보면 여러 가지 상황들에 의해 내가 그의 매력에 빠르게 끌릴 수밖에 없지 않았나 싶은 생각이 든다. 그리고 아이를 혼자 키우고 있다는 사실이 듬직하게 느껴짐과 동시에 책임감까지 있어 보였다. 비록 헤어지게 되었지만 나 나름대로 현명한 선택을 하기 위해 꽤 많이 노력했다. 이 정도면 꽤 성공적인 결혼일 것이라 확신했었다.

나는 당첨률이 높다는 복권집을 찾는다고 이런저런 정보를 수집하고 난 뒤 복권 명당에서 결혼이라는 복권을 무조건 1등일 수밖에 없다고 확신하며 구매했던 것이다. 그렇게 고심하고 고심해서 구매한 나의 복권은? 다들 아시는 것처럼 아쉽게도 '꽝, 다음 기회에'. 열심히 노력해서 힘들게 샀건만 당첨되지 않았다는 사실에 허탈했다. 어디서부터 잘못되었을까? 복권 명당이 아니었던 것일까? 시기가 잘못되었던 것일까? 나라는 사람은 될 것도 안 되기 때문이라서 그런 걸까? 나는 또다시

답을 찾기 위해 별별 생각을 다 해보게 되었다.

그 결과 지금은 답을 찾아서 새로운 복권을 샀다. 이번에는 1등에 당첨될 확률이 꽝에 당첨될 확률보다 높다. 그게 무엇이냐면 바로 '인생 복권'이다. 나는 백마 탄 왕자님을 기다리지 않기로 했다. 대신 나의 인생에 모든 노력을 다하기로 결심한 것이다.

인생 복권은 기존 복권과 다른 뚜렷한 특징이 있다. 복권을 쥐고 있는 시간이 지나면 지날수록 1등이 나올 확률은 계속해서 높아지게 된다는 것이다. 이제는 '나와 결혼해줄 백마 탄 왕자님은 어디 있을까?' 고민하지 않는다. 그럴 시간이 없다. 그리고 자연스럽게 나의 인생 복권을 함께 나눌 좋은 남자는 과연 누굴까 싶은 생각에 빠진다. 그렇게 서로의 미래를 더 환하게 같이 비춰줄 수 있는 더 좋은 사람이 되기 위해 노력하는 중이다.

내가 왜 그 남자랑
결혼을 결심했었지?

'내가 왜 그 남자랑 결혼을 결심했었지?' 이런 생각을 아마 한 번쯤은 해보지 않았을까 싶다. 만약 내가 전남편이랑 만나지 않았더라면 이런 인생을 살지 않았을 텐데 싶은 마음으로 더욱 힘들어지고 괴로워지는 당신. 지금 당신이 하고 있는 생각이 보통 다른 싱글맘들도 하고 있는 생각일 것이다. 그렇기에 그런 생각들이 머릿속에 떠오른다는 것은 너무나 당연하다. 하지만 그런 생각으로 인해 미래의 발전에 브레이크가 걸리고 있는 것도 사실이다.

이제 브레이크에서 발을 떼볼 생각은 없는가? '내가 왜 그 남자랑 결혼했을까?'와 같이 과거에서 벗어나지 못하는 생각들은 저 멀리 던져버리고, '앞으로 그런 남자를 만나지 않으려면 어떤 부분을 고치면 좋을까?'와 같은 밝은 미래를 위한 생각으로 전환하는 것만으로도 많은 것들이 변할 수 있다. 오랜 시간 동안 전남편을 증오하고 미워하는 마음으로 하루하루를 허비하고 있다면 이제 그런 일상에서 벗어나길 바란다.

자, 나와 함께 타임머신을 타고 처음 전남편을 사랑했던 순간으로 돌아가서 어떤 점 때문에 그 사람을 사랑하게 되었고, 어떤 점 때문에 결혼을 결심했는지, 그 사람을 어떻게 만났고 어떤 추억을 쌓았는지 등 설레고 좋았던 기억들을 떠올려보면서 추억에 젖어보라. 생각하는 것이 너무 싫더라도 조금만 참고 자주 시도해볼 것을 추천한다. 아마 처음에는 아무리 생각해도 잘 떠오르지 않을 것이다. 이미 나의 머릿속에 가득한 전남편에 대한 불신과 증오와 분노 등의 부정적인 기억들로 인해 그런 현상이 나타난다. 그렇기 때문에 부정적인 기억들을 먼저 걷어내는 과정을 거치고 나서야 비로소 내가 잊고 있었던 그 남자의 장점이나 좋았던 추억들이 떠오르기 시작할 것이다.

당신도 나와 같다면 좋았던 기억들이 떠오르다가도 갑자기 미친 듯이 화가 날 수도 있다. 잠깐 급한 대로 약간의 어두운 면만 들어내고 바라보았기 때문에 금방 다시 쌓이기 쉬운가 보다. 나도 처음에는 결혼 전 한없이 다정했던, 이제는 나의 추억 속에만 있는 그를 떠올리면서 그립기도 하고, 서럽기도 하고, 억울한 마음도 들면서 괜히 떠올렸다고 생각했다. 혹시 당신도 그때의 나처럼 좋은 기억을 떠올리는 것이 버겁다고 느껴진다면 더더욱 자주 시도해보았으면 좋겠다. 그만큼 그 사람을 더 많이 좋아했고, 믿었고, 의지했고, 더 많이 상처받았을 확률이 높기 때문이다.

좋았던 추억을 떠올리며 최대한 지금을 떠올리지 않으려고 노력해보라. 화도 최대한 내지 말고, 잠시 동안만이라도 그때 당시의 좋았고 설레었던 기분을 떠올려보라. 그렇게 충분히 느끼고 나면 비로소 객관적으로 바라볼 수 있는 시야가 생긴다. 비록 우리가 헤어짐을 택했지만 그 남자도 나를 좋아했고 진심이었다는 사실을 알게 될 것이다. 앞에서 내가 일일이 나열했던 것처럼 당신 또한 내가 충동적으로 결혼을 결정한 게 아니라 나름대로 상대방의 매력을 보고 현명하게 판단했었음을 기억하게 될 것이다. 그렇게 지난 추억을 떠올리며 눈물도 흘리고, '그때 우리 참 좋았는데 왜 이렇게 되었지?' 하고 나의 감정에 충실하면서 최대한 과거에 젖어보자.

타임머신을 타고 있는 시간 동안 꼭 주의해야 하는 점이 있다. 계속해서 그 사람의 장점에만 집중해야 한다는 점이다. '내가 왜 그 사람과 결혼을 하게 되었지? 아, 맞아. 이런 부분이 참 좋았는데!' 상대방이 잘 해줘서 결혼하길 잘했다 싶었던 날들도 좋다. 생각이 나지 않는다고? 힘들겠지만 계속해서 생각이 날 때까지 시도해보라. 좋았던 적도 없고, 좋아 보이는 점도 하나 없는 상태에서 결혼까지 생각하지는 않았을 것이다. 이렇게 생각하는 시간을 가지면서 종이나 컴퓨터에 기록을 해보는 것도 매우 좋다. 그리고 그렇게 적어놓은 것은 갑작스레 아이 아빠가 생각나면서 너무 화가 나고 미울 때마다 읽어내려 갈 내용들이다.

참고로 스마트폰 속 메모 앱에 저장해놓고 꺼내 보아도 좋다. 종이와 펜 등이 뇌 속 시냅스라는 생각의 고리를 이어주며 생각의 길을 확장시켜주는 역할을 하기 때문에 기억을 떠올리는 데 도움을 줄 수도 있다.

군이 이렇게까지 해야 할까 싶기도 할 것이다. 해야 한다. 이유가 뭐냐고? 전남편과 헤어졌지만 헤어질 수 없는 사이이기 때문이다. 나와는 인연이 끝났다 해도 아이와의 인연이 끝나지 않았다면 꼭 해야 하는 과정이라고 생각한다. 왜냐하면 내가 아이 아빠를 미워하면 아이가 나의 감정을 느낄 수 있기 때문이다. "피할 수 없으면 즐겨라"라는 말처럼 피할 수 없는 사이이기 때문에 즐길 수는 없어도 사랑하는 우리 아이를 위해서라도 즐기려는 노력이 필요한 것이다. 내가 먼저 타임머신을 타보았더니 꽤나 유용했기 때문에 이렇게 자신 있게 권하는 것이기도 하다.

지금은 갑작스럽게 전남편을 미워하는 감정이 올라오면 군이 그 기록을 꺼내 보지 않아도 좋았던 추억이나 좋았던 점을 떠올리는 것이 어렵지 않아졌다. 이는 나의 소중한 에너지를 불필요한 곳에 소모하는 일을 줄이는 효과도 있다. 그리고 이런 시간을 가지면 가질수록 오히려 내 안에 있는 상처들이 치유되면서 나를 사랑할 수 있는 힘도 커질 수 있다. 어쩌다 보니 내가 그런 선택을 할 수밖에 없었던 이유를 찾아가는 과정이 되었고, 나의 선택을 용서할 수 있는 계기가 되어주었다.

힘들고 먼 타임머신을 타며 견뎌준 당신, 너무 고생 많았다. 이제는 현실로 돌아와 지난날의 아픈 기억은 훌훌 털어버리고, 행복한 미래로 가는 타임머신에 탑승해보지 않겠는가? 당신은 이미 타임머신에 탑승할 수 있는 자격이 있다. 당신은 이미 행복해질 수 있는 자격이 충분한 소중한 사람이다.

과거의 나는
바로 내가 용서해야 한다.

혹시 나에게 사소한 잘못을 했더라도 사과를 통해 상대방을 용서해본 적이 있는가? 아마 거의 대부분 이런 경험이 있을 것이다. 친구들과 싸우고 사과하고 용서하는 것이 어렸을 때에는 거의 일상이었으니까. 연애하는 과정에서 다시는 안 볼 것처럼 싸웠다가도 사과하고 상대방을 용서하고 다시 사랑하는 과정을 통해 관계가 더욱 돈독해지기도 한다. 그러면 혹시 자신도 용서해본 적이 있는가? 과거의 나를 용서한다고? 매우 생소하게 느껴질 수도 있다.

'나 아닌 다른 사람'을 용서하는 일은 흔히 접했다. 하지만 '과거의 나'를 내가 용서하는 시간을 가져본 적은 별로 없었을 것이다. 나 또한 이혼을 하기 전까지는 한 번도 나를 용서하는 시간을 가져본 적이 없었다. 그렇게 싱글맘이 된 나. 엄마에게 아이를 맡기고 경제적으로 넉넉하지도 않으면서 나와 같이 마음이 힘든 싱글맘들에게 나만의 노하우를 공유하면서 그분들이 행복한 인생을 살 수 있게 도움을 주고 싶은 마음에 〈싱글맘학교〉를 운영하고 있다.

내가 과연 얼마나 일해야 원하는 결과가 나올지, 내가 오늘 어떤 일을 하는 것이 가장 효율적인지, 오늘 하루 몇 시간을 일해야 하는 것인지 매번 나 자신과의 싸움을 통해 살아가고 있는 알 수 없는 하루들. 거기다 매월 나가는 비용을 부모님에게 손 벌리고 있는 상황. 겉에서 봤을 때 나의 모든 상황은 그리 좋지 않다. 그럼에도 지금 나의 상황은 최고임이 틀림없다. 나라는 사람을 내가 너무 잘 알기 때문이다. 그리고 이런 현실 속에서 살아가다 보면 나도 모르게 초심을 잃고 마음이 지치기도 하지만 나는 끝까지 달려갈 생각이다.

그렇게 끝이 보이지 않는 입구를 찾기 위해 열심히 앞만 보고 달렸고, 달리다가 뒤를 돌아보게 될 때 나는 '나를 용서하는 시간'을 통해 다시 달려갈 힘을 가질 수 있었다. 그렇게 입구를 찾기 위해 누구도 아닌 나 스스로 당근과 채찍을 적절히 사용할 줄 아는 사람이 되었고, 그 결과 달리기 시작한 지 1년 만에 입구를 찾게 되었다. 생각보다 빠르게 찾을 수 있었던 것 같다고 생각한다. 그렇게 건강한 몸과 마음으로 입구를 찾게 된 나는 이제 도착역을 찾기 위해 다시 달리고 있다. 도착역 또한 처음에는 어디에 있는지 방향도, 시간도 아무것도 보이지 않았다. 그리고 아마 도착역으로 가는 동안에도 넘어지는 순간이 있을 것이고, 뒤돌아가고 싶은 순간이 있을 것이다. 그때마다 '나를 용서하는 시간'을 통해 나에게 당근과 채찍을 주면서 어렴풋이 보이는 도착역을 향해 끊임없이 달려갈 예정이다. 그리고 이제는 어렴풋이 보이던 도착역이 약간은 더 선명하고 또렷하게 보이기 시작했다.

그럼에도 달리기를 포기하고 싶은 순간이 나라고 왜 없었겠는가? 지금 모두에게 피해만 끼치고 있는 나의 상황이 나라고 속상하지 않겠는가? 결혼에 실패한 이유가 내 탓이기도 하다고 생각하고 노력하는 것이 쉬웠겠는가? 현실에 맞춰 살아가는 것이 훨씬 편하다는 사실을 나라고 왜 모르겠는가? 이 길이 쉽지 않은 길임을 내가 과연 예상하지 못했겠는가? 내가 이 길을 선택하고 넘어지면서도 다시 일어나서 달려가고 싶은 이유는 단 한 가지, 나는 나로 살기로 했기 때문이다. 내 인생을 내가 원하는 대로, 내가 하고 싶은 대로 살아가는 것은 그 시작이 쉽지 않다. 그래서 자신을 다잡는 것이 원래 어려운 일이다. 일단 나를 다잡기 위한 첫걸음, '나를 용서하는 시간'을 하루라도 빨리 가져보라.

그때는 그 남자가 최고였음을 인정해야 해

'그 사람만 아니었어도 내 인생이 이렇게 되지 않았을 텐데……. 그 사람이 내 인생을 망쳤어.' 많은 이혼 남녀들이 이렇게 생각할 수 있다. 그 사람이 나를 좋아한다고 고백해서 연애를 시작했고, 그래서 결혼까지 했는데 그 사람의 사랑이 먼저 식어버렸다면 얼마나 억울할까?

나도 한때는 '이 사람 말고 다른 사람과 결혼했다면 오래오래 행복하게 결혼생활을 유지하면서 아이를 키울 수 있었을 텐데 왜 이런 사람을 만나가지고 이 고생을 하고 있을까? 진짜 왜 내 인생에 나타나가지고 나를 이렇게 힘들게 할까?' 이런 생각을 수도 없이 많이 했다. 그러다 냉정하게 전남편을 만났던 과거 나의 모습을 회상하면서 그때 그 시절의 나에게 '너는 왜 그런 선택을 했니?'라고 물어보았다. 그랬더니 놀라운 결과가 나타나기 시작했다. 온종일 나를 따라다니던, 생각만 해도 화가 나던 과거의 그가 당시에는 나에게 영웅 같은 존재였고, 그 남자가 내가 찾던 사람이라고 느낄 수밖에 없었다는 사실을 알게 되었다. '인정

해, 그땐 그 남자가 최고였음을!'

앞에서 그 사람과의 좋은 추억, 그 사람의 장점을 회상하고 떠올리는 것을 가장 먼저 해보고 적어보라고 권한 이유가 바로 여기에 있다. 그렇게 떠올린 정보들을 취합해서 냉정하게 바라보면 알 수 있게 된다. 사실은 당신이 그 남자를 만나서 이런 결과가 나온 것이 아니라 그 남자를 선택할 당시 나의 상황, 나의 감정으로서는 그 사람이 내 인생 최고의 남자라고 생각할 수밖에 없었다는 것을. 다시 말해 당시 성숙하지 않은 나의 생각으로 인해 이런 결과가 나타났다는 것을 인정해야 한다.

혹 그 사람이 정말로 나에게 다가오지 않았다고 해도, 그 사람을 선택하지 않았다고 해도 당신은 그 사람과 비슷한 성향의 남자가 다가왔다면 지금과 같은 선택을 했을 것이다. 그로 인해 전남편이나 다른 남자나 사실은 그렇게 큰 차이가 없었을 것이다. 아닐 것이라고 생각하고 싶겠지만 사실이다. 나 또한 인정하고 싶지 않았지만 인정하고 나니까 오히려 마음이 편해졌다.

실제로 과거의 나는 미래의 남편에게 경제적으로 기대고 싶은 마음이 컸기 때문에 나의 능력을 키울 생각은 하지 않았다. 그렇기에 나는 전남편의 능력만 보고 나의 능력을 배제한 채 결혼을 결정했다. 그러다 보니 결혼 이후 경제적인 능력을 가지고 있는 남편에게 나의 모든 것을 자연스럽게 맞춰주는 게 당연해져버렸다. 그렇게 지금 나의 상황이 그 사람의 잘못이 아니라 내가 자초한 일임을 깨달을 수 있게 되었다. 전 남편이 아니었더라도 그때의 내가 바뀌지 않았다면 나의 행동과 결정에 큰 차이가 없었을 것이라는 사실을 인정하자 오히려 마음이 너무 편안해졌다. 물론 처음 나의 잘못을 인정하는 것은 쉬운 일이 아니다. 그럼에도 인정하고 나니 내가 왜 그렇게 어렵게 생각했었는지 의문점이 생길 정도로 쉽게 여겨지고, 마음도 기대 이상으로 편안해졌다.

도무지 어떻게 하라는 것인지 모르겠다는 사람들을 위해 처음 생각을 하게 된 생각고리들을 순서대로 적어보겠다.

'그때의 나는 왜 그 사람이 최고라고 생각하게 되었지? 아, 이런 부분들이 좋았고 괜찮다고 생각했고 이 정도의 남자라면 내가 믿고 결혼해도 되겠다고 생각했어. 그래서 그런 결정을 한 것이구나. 그럴 수 있지.'

'근데 나는 그 사람의 그 부분이 왜 좋았지? 그 점을 좋아하게 된 이유가 뭐였지?'

'내가 그때까지는 이런 일 때문에 이런 부분을 가지고 있는 사람이었으면 좋겠다고 생각했었기에 그랬던 것 같아.'

'아, 그때의 너는 그렇게 생각하고 있어서 그렇게 결정한 것일 수 있겠다.'

이런 식으로 생각이 꼬리에 꼬리를 물고 계속해서 나에게 궁금한 점을 조금씩 파고들어가면서 과거의 자신과 끊임없이 대화를 하면 된다. 이런 과정을 통해 나는 알게 되었다. '내가 결혼에 실패할 수밖에 없었던 이유는 전남편을 만나서가 아니라 그때 당시 나의 생각과 상황들 때문이었다는 것을 말이다. 인정할 수밖에 없었다. 그땐 그 남자가 최고였음을. 그때의 나는 지금처럼 성숙하지 못해 나 자신을 많이 사랑해주지 않았기 때문에 나를 위해 살아가지 못해 지금의 결과가 나왔다는 것을 인정했다.

'네가 그렇게 생각할 수밖에 없었던 것도 이해할게. 그때의 네가 그런 선택을 할 수밖에 없게 내면을 탄탄하게 만들어주지 못해서 미안했어. 그리고 성숙하지 못한 나였지만 사랑해줬던 그 사람에게 진심으로 감사해. 평생 성숙하지 못한 상태에서 살아가지 않고 깨달음을 주어 고마웠어. 덕분에 남보다 나를 더 사랑할 수 있게 되었던 것 같아. 이제 나를 항상 1순위로 사랑할게. 사랑해, 솔빈.' 이처럼 그때의 선택이 나에게는 최선이었음을 믿고 과거의 나를 용서할 수 있었다.

실수는 누구라도
언제든 하는 거야 。

　어떤가? 나를 인정하고, 내가 어떤 사람인지 알아가는 시간이 꽤 재미있고 유익하게 여겨지지 않는가? 내가 왜 그런 선택을 하게 되었고, 할 수밖에 없었는지 알고 나니까 나의 미래가 더욱 선명하게 그려지지 않는가? 지금의 내가 마음에 들지 않으면 과거의 나는 잊어라. 그리고 원하는 미래로 향하기 위해 지금의 나를 변화시키면 된다.

　사람은 누구나 실수를 한다. 이혼을 하게 되고 싱글맘이 된 것은 누구나 할 수 있는 흔한 실수다. 물론 실수를 하지 않고 늘 성공하면 무엇보다 좋겠지만 그런 건 불가능에 가깝다. 어쩌다 실수를 하였는데 그 실수를 통해 배운 것이나 깨달은 것이 하나라도 있다면 실수는 오히려 나에게 좋은 영향을 주는 요소가 되어준다. 결혼도 해봤고 아이도 낳아봤고 이혼도 해봤기에 결혼 전에 비해 훨씬 더 많은 사람들과 소통하고 공감할 수 있게 되었으며, 나를 돌아보는 계기가 되었다. 만약 결혼을 하지 않았다면 얼마나 많은 사람들이 결혼을 하고 후회를 하는지 몰랐을 것이고, 부모님이 어떤 이유 때문에 싸웠는지 이해할 수 없었을 것이며, 아이를 낳고 키우는 것이 얼마나 힘든 일인지 몰랐을 것이다.

물론 남들보다 잘 살고 싶어서 노력을 하지 않은 것은 아니지만 어떻게 살아야 행복하게 사는 것인지 몰랐다. 남들처럼 사는 것이 누구에게는 맞지 않을 수 있다는 사실도 몰랐다. 나는 결혼에 실패해봄으로써 나를 돌아보는 시간을 가지고, 나를 용서하고 나 스스로를 알아가고 사랑하는 방법을 배울 수 있었다. 나를 사랑하는 것과 인정하는 것, 그리고 용서하는 것이 진정 행복하게 살아가는 방법이라는 것을 알 수 있었다.

엄마가 되었다고 해서, 여자라고 해서 무조건 아이를 보며 집에서 모든 살림을 다 잘해야 한다고 생각하는 전업주부의 삶, 절대 모든 엄마가 다 잘하는 것은 아님을 알게 되었다. 육아와 살림 또한 타고난 재능을 가지고 있는 사람도 있고, 그런 재능이 없는 사람도 분명히 있다. 그럼에도 나는 엄마라면 무조건 아이를 위해 희생하고 집에서 살림하는 것이 맞는 거라고 생각했고, 집안일은 다 잘해야 한다고 생각했다.

'엄마는 남편의 돈으로 집에서 놀고먹는다'는 아빠의 말에 한 번도 그렇지 않다는 생각을 한 적이 없었다. 엄마의 어려움은 전혀 공감할 수 없었다. 그런 내가 육아를 하면서 얼마나 가슴을 치고 후회를 했는지 모른다. 남편에게는 퇴근이 있지만 아내에게는 퇴근이 없다. 남편에게는 회식이 있지만 아내에게는 회식이 없다. 남편에게는 마감이 있지만 아내에게는 매순간이 마감날이다. 아이는 너무 예쁘지만 온종일 먹고 자고 싸기만 하는 아이를 바라보며 집에만 있는 것은 정신적으로도, 육체적으로도 매우 힘든 일이다.

임신 중에도, 출산 후에도 사람마다 체력도 다르고, 성격도 다르며, 살아온 환경도 다르다. 그럼에도 불구하고 아직 우리나라 사람들은 대부분 엄마가 된 순간부터 슈퍼우먼이 되기를 기대한다. 나는 엄마가 되었지만 여전히 여자였다. 모유 수유 하는 것을 보이는 것도, 많은 남성 의료진이 있는 수술실에서 민망한 자세로 누워 수술을 하는 것도 부끄러운 아주 평범한 20대 여자였다.

다들 이런 경험 있지 않은가? 아기 물티슈에 '당신도 여자'라고 쓰여 있는 글귀를 보고 나에게만 해주는 말이 아님을 알면서 나도 모르게 웃음을 지으며 가슴 한편이 찡해진 경험 같은 거 말이다. 그런 나는 엄마라는 이름으로 많은 것을 포기하는 것이 당연하다는 사회의 분위기에 수긍하면서 남들이 인정하는 아내, 남들이 인정하는 며느리, 남들이 인정하는 엄마의 역할을 하면서 점점 나를 잃어가고 있다는 것을 알면서도 그 길을 걸어가고 있었다.

엄마가 아닌 나라는 사람은 새롭게 시도해보는 것을 좋아하고, 매일 새로운 생각으로 나의 생각을 키우는 자기계발에 관심이 많았고, 노래 부르는 것을 아주 좋아했다. 아쉽게도 미술에 소질이 없어 화장하는 것에는 재능이 없었고, 잠이 많은 편이었으며, 잠이 모자라면 바로 코피가 나는 약골 체력이었다. 암산과 역사 공부에 흥미가 없어 남들보다

무지했고, 여성성보다 남성성이 더 많이 나타났으며, 남들 앞에 나서는 것을 즐기고 좋아해서 학교 장기자랑이나 축제에는 무조건 참가하는 사람이었다. 원래 나는 이런 사람이었다.

본인은 본인의 성향 그대로 받아주기를 원하면서 엄마라는 이유로, 아내라는 이유로, 원래 그런 거라는 이유로 나에게는 반대의 내가 되기만을 바라는 결혼생활을 이해할 수 없었다. 아니, 이해하기 싫었다. 아마 성격 차이로 헤어진 많은 싱글맘들은 나의 말뜻을 충분히 이해할 것이다.

이혼 덕분에 나의 이름, 나의 성격대로 살아가는 것 자체가 행복할 수 있음을 알게 되었다. 아마 결혼을 해보지 않았더라면 나는 이런 사소한 행복을 모르고 살아갔을 것이다. 그리고 실수였던 첫 번째 결혼생활을 토대로 두 번째 결혼을 선택할 때 나에게 훨씬 더 딱 맞는 남편을 만날 수 있을 것만 같다.

실제로 우리나라에서 한 해 동안 창업을 시작했다가 성공하는 사람은 10%에 못 미친다고 한다. 그렇게 실패를 경험해본 사람이 실패한 이유를 분석해서인지 다시 창업에 도전했을 때의 성공률은 자그마치 60%나 증가해 70%가 넘는다고 한다. 본인이 좌지우지할 수 없는 경험도 이렇게나 쓸모가 있는데, 마음만 먹으면 얼마든지 좌지우지할 수 있는 우리의 경험은 얼마나 가치 있는 것일까? 나의 장점과 단점을 정확히 알고, 여기에 맞게 미래 계획을 세운다면 또다시 실수를 안 하는 최상의 방법이 될 수 있다. 경험해봐서 알다시피 결혼은 직접 해보지 않으면 절대 알 수 없는 것들이 너무나 많다.

나 또한 많은 사람들이 결혼해서 행복하게 살기 어렵다고 했음에도 해보지 않았기 때문에 그들의 말이 무슨 뜻인지 전혀 이해할 수 없었다. 그리고 지금 그들의 말을 되짚어보면서 무릎을 탁 때리는 날이 많다. 이런 경험을 모두 다 해보았으니 얼마나 든든한가? 그리고 남들은 이런 정보들을 전혀 모르는 상태에서 점점 나이가 들어가는 것에 대한 부담감에 '결혼해야 하는데, 아이 낳아야 되는데'와 같이 고민할 시간에 우리는 오로지 성공에만 시간을 투자하면 되니 얼마나 이득인가.

어떤가? 이혼을 내 인생에서 있을 수 없는 치욕적인 일이라고 생각했다면 나의 이야기가 적잖은 충격을 주지 않았을까, 괜스레 기대해본다. 나의 선택을 자책하지 말고, 나를 알아가는 소중한 시간이었음을 인정하고 나에게 스스로 괜찮다고, 용서한다고 해주면 어떨까? 이혼했다고 하면 색안경을 끼고 쳐다보는 사람들 때문에 상처받은 적이 있는가? 그런 시답지 않은 사람 때문에 아파하지 마라. 당신은 그런 사람들에게 그런 말을 들을 이유가 전혀 없다. 그래도 아프고 상처받는 것은 어쩔 수 없지 않은가? 상처받아 울고 있는 나를 가만히 놔둘 수는 없지 않은가? 이렇게 힘든 나를 아무도 몰라준다는 생각으로 안 그래도 상처받은 나에게 또 다른 상처를 주지 말자.

'그럴 수도 있지. 저 사람은 뭘 잘 몰라서 그래. 실수할 수도 있지, 괜찮아. 누가 뭐라고 해도 네 생각이 맞아. 잘했어. 아주 옳은 선택을 한 거야. 내가 그랬던 것처럼 저 사람은 나의 상황을 겪어보지 않아서 그럴 뿐이야. 아마 저 사람이었으면 나보다 더 형편없었을걸. 나라서 이 정도 한 거야.' 무슨 말이라도 좋다. 그냥 내가 듣고 싶은 말을 나 스스로에게 하면 된다. 속으로만 되새기는 것보다 소리 내어 말하거나 글로도 적어놓으면 더 효과가 좋다.

당신은 사랑받기 위해 태어난 사람﹒

〈당신은 사랑받기 위해 태어난 사람〉, 이는 듣는 순간 머릿속에서 멜로디가 생각날 정도로 남녀노소 누구나 아는 노래다. 어렸을 때에는 아무 생각 없이 노래를 흥얼거렸는데, 최근 우연히 듣고서 가슴속에 뜨거운 무언가가 올라오는 기분이 들었다. 한창 내가 나를 사랑하지 않을 때, 이 세상 누구도 나를 사랑하지 않는 것 같을 때 마치 나를 위로해주는 기분이 들었다고 할까? 이 노래 말고도 어릴 때 그냥 부르던 노래가사가 가슴을 후벼 파는 느낌이 들 때가 많아졌다. 덕분에 웃음도 많아졌고 울음도 많아졌다. 나의 감정에 솔직해졌다고 할까?

어렸을 때에는 울면 안 된다는 생각이 강했는데, 이제는 오히려 눈물을 참는 것이 힘들어졌다. 나의 변화가 하루아침에 이루어진 것은 아니었다. 나도 모르게 자연스럽게 변화했다. 결혼생활을 하면서, 아이를 키우면서, 엄마가 되어보면서 나나 남편의 변화도 신기했다. 그리고 남자와 여자의 너무 다른 성향이 신선했다. 그렇게 자연스럽게 생긴 나의 호기심으로 남녀의 심리에 대해서 관심을 가지게 되었다.

결혼 전부터 '신혼생활 잘하는 방법'을 담은 책들도 꽤나 많이 읽었다. 심리를 약간만 공부해봐도 참으로 재미있는 사실이 있다. '남자와 여자가 같이 살아가는 것이 정말 가능할까?' 싶을 정도로 너무 다르다는 사실이다. 특히 내가 의문이 들었던 가장 중요한 키포인트는 보편적으로 '남자는 사랑 없이도 살 수 있는데 여자는 사랑 없이는 사는 것이 힘들다'는 점이었다.

그럼 남자는 사랑하지도 않는 여자와 어떻게 사느냐고 질문할 수 있을 것이다. 남자는 자신을 항상 사랑해주는 여자보다 자신을 필요로 하거나 인정해주는 여자라면 사랑하지 않아도 크게 상관이 없다. 반면 필요로 하지도 않고 인정해주지도 않는 여자와는 살기 힘들다고 한다. 한마디로 정리하자면 남자는 "고마워"라는 말을 듣는 것을 좋아하고, 여자는 "사랑해"라는 말을 듣는 것을 좋아한다고 한다. 그래서 우리는 그렇게 남편에게 사랑을 갈구하는가 보다. 남성성이 강한 여자임에도 사랑 없이 살기가 생각보다 힘들었던 것 같다.

왜 어른들이 '여자는 자신을 사랑해주는 남자와 결혼해야 한다'고 했는지 이해할 수 있었다. 그런데 나는 내가 더 좋아하는 남자와 결혼을 했다. 내가 좋아하면 모든 것이 괜찮을 것이라고 생각했나 보다. 남편과의 헤어짐을 고민할 때 '남편이 나를 아직 사랑하고 있나?'라는 생각에 흔들리는 사람도 있을지 모르겠다.

여자는 사랑만 받는다면 어떤 것이라도 할 수 있는 사람이기도 하다. 반대로 사랑이 없다면 어떤 것도 하지 못한다. 그리고 남자든 여자든 누군가 옆에 있다가 사라지면 허전함이 느껴지기 마련이다. 없다가 생기는 부분에 대해서는 크게 느껴지지 않는데, 있다가 없어지는 부분에 대해서는 왜 이렇게 허전함이 크게 느껴지는 건지.

남편이 있다가 없는 삶을 상상하는 것만으로도 참으로 허전하고 어색하다. 그러다 보니 자연스럽게 이혼을 고민하면서부터 남편이 있던 자리에 새로운 사람이 오면 나는 어떨지 생각해보는 것이 너무나 자연스러운 순서다. 나에게 고민을 털어놓는 기혼 여성분들이 공통적으로 궁금해하는 부분도 '내가 다시 여자로서 다른 남자에게 사랑받고 살아갈 수 있을까?'였다. 100세 인생이라는데 앞서 나간 고민이라고 생각하기 쉽지만 절대 말도 안 되는 고민이 아니다. 나 또한 이 고민을 했었기에 그분들의 마음에 백번 공감한다. 그리고 먼저 싱글맘이 되어본 나의 경험을 토대로 대답을 하자면 전혀 필요 없는 고민이다.

사랑하려고 이 세상에 존재하는 것이 여자다. 언제나 사랑에 목마른 만큼 사랑받아 마땅하다. 노래가사처럼 '당신은 사랑받기 위해 태어난 사람'임을 잊지 않았으면 좋겠다. 이 세상에 사랑받을 자격이 없는 사람은 없다. 스스로 그렇지 못하다고 생각하는 사람만 있을 뿐.

아이를 얻고 몸매를 잃은 나, 다시 사랑받을 수 있을까?

아이를 낳고서 잃은 것이 가슴뿐이라면 얼마나 좋을까. 임신기간 동안 살이 빠진 산모들도 있겠지만 아쉽게도 극소수에 불과하다. 보통은 임신기간 동안 배 속의 아이 때문이기도 하겠지만, 움직임은 줄고 먹는 건 늘어나서인지 체중이 불어난 산모들이 훨씬 많다. 거기에 늘어난 배 때문에 생긴 선명한 튼살. 아이를 출산하고 나면 저절로 살이 빠지는 줄 알았건만, 엄청난 노동량에도 불구하고 이상하게 살이 빠지질 않는다.

처음 산후마사지를 받고 난 뒤 여섯 시간 만에 3kg이 빠진 뒤에 그런 일은 일어나지 않았다. 아이가 100일이 되기 전, 100일의 기적을 경험하기 전에는 저절로 살이 빠지긴 했지만 매번 끼니를 못 챙겨 먹다가 아이를 재우고 나서야 야식을 먹는 탓에, 집 안에서 움직이는 것이 전부인 탓에 임신 전의 체중으로까지는 빠지지 않았다. 아이를 얻고 몸매를 잃었다는 말을 실제로 경험했다.

옷장 정리를 하다가 예전에 내가 입었던 옷들을 보고 '내가 이렇게 작은 걸 입고 다녔나?' 싶기도 했다. 아이를 낳고 살을 빼지 못하는 딸의 모습을 보면서 엄마조차도 나는 네가 이렇게 살이 찔지 몰랐다고 하셨다. 친구들도 그렇게 말했다.

예전에 다이어트가 왜 어려운지 몰랐던 내가 그립다. 출산 후에도 안 먹고 많이 움직이면 살이 금방 빠질 것이라고 여겼다. 출산 후 뚱뚱한 아줌마들은 본인이 자기관리를 못해서 그런 거라고 생각했다. 엄청난 비용을 들이며 다이어트 보조식품의 도움을 받아 살을 빼는 분들도 이해가 되지 않았다. 하지만 현실은 달랐다. 아이를 키우면서 다이어트를 한다는 것이 나에게도 결코 쉬운 일이 아니었다.

종일 육아에 시달리다가 아이를 재우고 나서야 이것저것 마음 편히 먹을 수 있는 육아맘에게 야식이란 힘들고 지치고 스트레스 풀 곳 하나 없는 삶에 유일한 낙이었다. 그마저도 오래 허락되지는 않았지만 라면이라도 먹어야 조금 후 다시 찾아오는 아이와의 시간에 웃을 수 있었다. 그렇게 먹는 즐거움이 컸지만 100일의 기적이 오기 전까지, 한쪽 가슴을 말리기 전까지는 먹는 것보다 노동량과 모유량이 많다 보니 자연스럽게 많이 먹어도 체중은 빠졌다.

한 가지 확실한 건 돌 전 육아를 하는 아내에게 살을 빼라는 것은 정말 잔인한 이야기다. 남편이 독박육아에서 주기적으로 해방시켜준다면 또 모르겠지만 독박육아를 하는 아내들에게는 말도 안 된다. 사실 여기서 더 중요한 건 같은 몸무게라도 근육량과 체지방량에 따라 눈바

디(눈으로 몸을 확인하는 것)가 다른데 아이를 낳고 난 경우 임신 전에 비해 근육은 빠지고 체지방은 늘어나 있기 일쑤다. 금연한 남자는 독하다고 쳐다보지도 말라는 말이 있지 않은가? 내 경험상 돌 전 아이를 보면서, 독박육아를 하면서 다이어트까지 한 여자는 금연한 남자보다 의지가 더 강한 게 틀림없다.

다이어트의 기본적인 원리, 적게 먹고 많이 움직여라! 나도 참 잘 알고 있었다. 운동을 해야겠다는 마음이 들다가도 움직이는 것이 너무 힘들었고, 몸이 불어 있으니 운동하는 것도 결코 쉬운 일이 아니었다. 예전에는 더 먹고 싶어도 배부르면 숟가락을 내려놓았는데, 육아를 하다 보니 지금 안 먹으면 언제 먹을지 모른다는 생각이 습관화되어서 그런지 매일매일 먹고 싶은 것도 많고 배가 불러도 맛있으면 숟가락을 잘 놓지 못했다.

먹는 걸로 스트레스를 풀 수밖에 없다고 여겼다. 그렇게 스트레스를 푼다는 핑계로 항상 먹을 것을 찾았고, 늦은 시간에 고칼로리를 먹었던 것 같다. '오늘은 안 먹어야지' 했다가도 작심일일도 가지 못하기 일쑤였다.

아마 많은 엄마들이 공감하지 않을까 싶다. 그렇게 나는 육아와 스트레스를 핑계 삼아 다이어트 따위는 차일피일 미루고 있었다. 임신 전 "너무 날씬하다, 어떻게 하면 그런 몸매를 가질 수 있어?"라는 말만 듣던 내게 '뚱뚱과 통통 사이'라는 말도 적잖이 충격이었지만 인정할 수밖에 없었다. 과거 나의 체중과 20kg이나 차이가 나는 무게였기 때문이다. 자신감은 날로 떨어졌다. 이제 어떤 옷을 입어도 예전처럼 예쁘지 않았다. 그러다 보니 옷을 사고 싶은 마음도 그다지 들지 않았다. '살 빼면 살 거야'라는 생각으로 2년 동안 나의 유일한 외출복은 수유복이 전부였다. 살찐 나를 인정하기까지의 시간이 필요했던 것 같다.

68kg 때쯤 나는 아이 아빠와 이혼했다. 그렇게 한 가정의 가장이 된 나는 경력 단절이 된 상황 속에서 곧바로 냉정한 현실과 부딪혀야 했다. 딱히 학벌도 좋지 않았다. 계속되는 실패에 내가 모르는 실패의 원인이 무엇인지 알고 싶었다. 그리고 벼랑 끝에 떨어진 상황이기에 더 성공하고 싶었다.

이혼 후 한 달도 지나지 않은 시점에 무려 10kg이나 빠졌다. 크게 노력한 것도 아니었다. 그저 많이 먹고 많이 움직였을 뿐이었다. 처음에는 내 몸이지만 너무 무거워서 혼났는데 시간이 지날수록 점점 가벼워졌다. 지금도 술과 야식을 즐기면서도 58kg을 유지하고 있다. 여전히 나는 식탐을 이기지 못한다. 현재 나의 PT 선생님 왈, "여자들은 식탐만큼 강한 욕구도 없어요. 일단 드세요. 그리고 운동하는 게 답입니다." 아니라고 할 수 없었다. 나는 아직도 임신 전의 몸무게로 돌아가려면 한참 남았다. 그럼에도 불구하고 다시는 다이어트 보조제의 도움은 받지 않을 예정이다.

만일 육아 때문에 다이어트에 쏟을 에너지가 없다면 그냥 먹자. 다이어트하느라 힘들어서 화만 내는 엄마보다는 날씬하지 않아도 웃어주는 엄마가 아이 입장에서는 더 좋을 테니. 꾸준히 먹고 싶은 것도 먹고 술도 마시면서 조금씩 습관을 개선해나가고, 운동의 재미를 조금씩 찾아가며 차차 50kg까지 감량하고 유지하는 것이 목표다.

지금 나는 싱글맘인데도, 모유 수유로 인해 가슴이 망가졌는데도, 아이를 낳고 살이 쪄서 뚱뚱해졌는데도, 식탐이 많아져 살 빼는 것이 너무 어려운데도 나를 좋아한다는 남자들이 1년도 안 되는 시간 동안에도 꽤 많았다. 그 비결은 다른 것이 아니라 '내가 나를 사랑해주었기 때문'이라고 생각한다. 어찌 보면 간단한 원리다. 어렵고 힘든 세상 속에서도 꿋꿋이 살아가고 있는 나를 사랑해주는 것 말이다. 날씬하지는 않지만 그럼에도 나를 사랑해주는 것.

계속 반복해서 이야기하지만 당신은 사랑받기 위해 태어났다. 내가 나를 사랑할 줄 알면 나를 아끼고 사랑해주는 멋진 남자가 자연스럽게 나타난다. 불가능은 내가 만드는 것이지 남이 만드는 것이 아니듯 가능도 내가 만드는 것이기에.

요즘 남자들, 그렇게 꽉 막히지 않았습니다。

요즘은 예전에 비해 이혼을 하는 것이 너무 흔해졌다. 아마 주변에 이혼한 사람이 한두 명은 있을 것이다. 이런 현실 덕분이라고 해도 될지 모르겠지만 확실히 예전에 비해 이혼한 사람들을 이해하는 사람들, 아니면 다른 이혼한 엄마를 만나는 것도 어렵지 않아졌다. 그러다 보니 10년 전만 해도 그렇게 부정적인 생각으로 바라보기에 급급했던 사람들이 요즘은 '결혼생활 하다가 안 맞으면 이혼할 수도 있지!'라는 생각도 많이 한다.

요즘 60대 이상의 아줌마들이 모이는 계모임에서 금지된 질문이 새로 생겼다고 한다. "장가간 아들(시집간 딸) 결혼생활은 어떻대? 신혼이라서 너무 재미 좋다지? 우리도 그때는 사이좋았잖아. 사이좋게 잘 지내고 있지?" 평범한 것 같은 이런 질문이 금지된 이유는 너무나 간단하다. 묻지도 않았는데 잘 산다고 하는 집 말고는 거의 이혼을 했거나 이혼 위기여서 모임 분위기를 깨기 일쑤라는 이유 때문이다. 정말이지 이혼녀, 싱글맘인 나도 심히 놀라지 않을 수 없다. 도대체 얼마나 많은 사람들이 결혼을 하고서 헤어지는 상황에 맞닥뜨리는 것일까?

그러다 보니 과거와 달리 이혼을 했다고 해서 색안경을 끼고 바라보는 사람들도 없고, 이혼했다는 사실만으로 부정적인 시선으로 바라보는 사람들이 거의 없어졌다고 해도 무방할 정도다. 이제 이혼녀, 싱글맘의 연애나 재혼을 주제로 만들어진 영화도 심심치 않게 볼 수 있게 되었고, 그 덕분인지 우리가 이혼 후 만나게 되는 많은 남자들의 고정관념도 이미 깨진 지 오래다.

많은 남자들이 이혼녀, 싱글맘인 것이 만남을 이어가지 못할 이유가 못 된다고 생각한다. 나 또한 이런 사실을 알게 된 지 그렇게 오래되지 않았다. 협의이혼 조정기간 중에 있었던 일이다. 예전에 다니던 회사에서 팀의 리더였던 분과 어쩌다 연락이 닿았다. 이분은 내가 결혼해서 아이를 낳고 잘 살고 있다고 생각하고 있었다. 당시 유일하게 '이 사람 정말 괜찮다'라고 생각했었기에 나 또한 근황이 너무 궁금했다. 만일 이 사람에게 여자친구가 없다면 내가 아는 수백 명의 영업사원 중 유일하게 내 친구를 소개시켜주고 싶은 남자였다고 할까?

당시 그분은 여자친구와 6년 정도 연애 중이었고, 항상 결혼 이야기를 해서 당연히 결혼까지 할 거라고 생각했다. 그런데 여자친구 부모님이 8년이 넘는 세월 동안 사주가 맞지 않는다는 단 하나의 이유로 극구 반대를 해서 결국 헤어졌다고 했다.

이러저러한 속사정이 궁금하기도 했고, 마침 그쪽을 지나고 있던 터라 그분이 친구들과 함께하는 자리에 가게 되었다. 역시 나의 예상대로 이 사람은 현명했다. 아직 여자친구는 없고, 헤어진 여자친구 부모님에게 당당해지기 위해 열심히 저축해 결국 아파트를 계약했는데 그 여자친구는 헤어진 지 몇 달 지나지 않아 다른 남자와 결혼을 했다고 했다. 진짜 세상 살고 볼 일이라는 생각이 나도 모르게 들었다.

나는 그렇게 오랜만에 같이 일하던 동료를 만나 아줌마 신세로 총각세 명 사이에 끼어 있게 되었다. 이 이야기를 왜 하는가 하면, 이 자리에서 요즘 남자들은 이혼을 했든 아이가 있든 별로 신경 쓰지 않는다는 사실을 처음 알게 되었기 때문이다.

다들 여자친구가 없다고 하는데 외모도 평균 이상이고, 성격 또한 괜찮았으며, 이야기도 재치 있게 잘했다. 내 남자를 객관적으로 보려면 그의 친구들을 보라는 말이 일리가 있다는 것을 잠시 느낄 수 있었다. 이렇게 잘생기고 괜찮은데 왜 다들 여자친구가 없는지 물었다. 그랬더니 다들 환하게 웃으며 친구라도 소개시켜주고 그런 말을 하라고 했다. 나는 소개를 시켜주고 싶어도 내 친구들은 이미 남자친구가 있거나, 이미 결혼한 아줌마밖에 없다고 했다. 그랬더니 요즘 많이 외롭다며 이혼녀도 괜찮으니까 꼭 좀 소개를 시켜달라는 것이 아닌가? 와우! 깜짝 놀란 나는 아이가 있어도 괜찮은지 되물었다. 당연히 장난인 줄 알았고, 옆에 있는 친구들이 무슨 말도 안 되는 소리를 하냐고 구박할 줄 알았

2장 ♡

다. 그런데 그렇지 않았다. 오히려 친구들이 한마음 한뜻으로, 먼저 말을 꺼내긴 어려웠지만 내가 하고 싶은 말이었다는 듯이 반가운 표정으로 이야기를 이어나갔다.

'만약 마음에 들고 정말 괜찮은 사람이라면 여자가 이혼을 했고, 아이가 있어도 만남을 이어가지 못할 이유가 되지는 않을 것 같다. 요즘 주변에 돌싱이나 유부녀를 만나는 친구들도 솔직히 많다. 유부녀인데 속이는 것만 아니라면 안 될 것이 뭐가 있냐. 아이가 다섯 살이 되기 전이라면 결혼까지 하더라도 아이가 어려서 받아들이기 쉽다더라.'

순간 이혼을 진행 중이라는 사실을 내가 이야기했었나 싶어 기억을 되돌려보았다. 그런데 아니었다. 나는 이야기한 적이 없는 것 같았다. 혹시 내가 이혼 진행 중이라는 사실을 이야기했는지 물어봤다. 그러자 눈이 동그래지면서 놀라움을 금치 못하며 "왜?"라고 물어보는 그 사람. 역시 이야기한 적이 없었다. 나의 이혼 소식에 갑자기 모두들 사색이 되며 기분 나빴던 건 아닌지, 그랬다면 미안하다며 사과를 하는 것이 아닌가.

그러면서 요즘 뭐 이혼이 별거냐며, 주변에 이혼한 사람이 너무 많아서 이제 놀랍지도 않다고 했다. 내가 생각했던 것보다 이미 사회가 많이 변화되었음을 느낄 수 있었다. 이혼녀, 싱글맘을 바라보는 편견이 아직 존재한다고 생각했던 나에게 누군가 정신 차리라고, 이미 사회는 변화했다며 뒤통수를 한 대 세게 때린 느낌이었다고 할까?

당신만 본인의 선택이 옳다고 생각한다면, 그리고 본인만 괜찮다면 요즘 사회에서 이혼했다는 것이, 아이를 키우고 있다는 것이 다른 이성을 만나는 데 크게 문제가 되지 않을 수 있다. 여자로 태어나서 남자한테 사랑받고 싶은 마음이 드는 인간의 자연적인 본능은 절대 비난받아 마땅한 것이 아니다. 물론 임자가 있는 사람이라면 비난받아 마땅하지만 말이다.

그럼에도 다른 여자들보다 남자를 조금 조심해서 만나야 한다는 것을 잊어서는 안 된다. 요즘 남자들은 '나 하나 먹고살기도 이렇게 힘든데 뭐 하러 굳이 결혼해서 여자까지 먹여 살려야 되나?'라는 생각이 크기 때문에 비혼주의가 늘어나고 있고, 자연스럽게 책임져야 하는 관계를 피하고 있다. 그러다 보니 굳이 책임을 지지 않아도 되는 여자를 일부러 만나는 경우도 늘어났기 때문이다. 실제로 그런 이유로 요즘 들어 기혼녀를 만나는 남자들이 많아지고 있다고 한다. 이혼녀와 싱글맘도 마찬가지다. 이렇게 생각하는 남자들이 있어서는 안 된다고, 못됐다고 부들부들 떨며 화낼 필요 없다. 그냥 받아들이는 것이 속 편하다. 요즘 비혼주의 여자도 늘어나고 있기 때문에 상부상조 관계이지 않을까 싶다. 그냥 그런 사회라는 사실을 알고 조금 조심하면 된다.

만일 이런 남자를 피해 연애를 하고 싶거나 재혼을 하고 싶은 사람은 나를 찾아오면 성심성의껏 도와주겠다. 그런 쓸데없는 시간 낭비, 에너지 낭비 하지 말자. 그렇다고 모든 남자들에게 무조건 방어적일 필요도 없다. 그냥 '이런 사람도 있을 수 있구나' 인지하고, '그런 사람도 만날 수 있구나' 생각하고, '나도 이런 사람을 만날 수도 있구나' 하는 생각을 가지고 있으면 된다. 우리가 어렵다고 생각하는 것일 뿐이지, 사실 세상은 생각보다 아주 단순한 원리로 돌아가고 있다는 것을 당신은 알까?

남자들처럼 단순하게 사는 것도 세상을 편하게 사는 데 도움이 될 것이다. 방법은 아주 간단하다. 당연한 것을 이용하면 된다. 어렵다고? 그럼 이것만 기억하자. 싱글맘이라고 해서 다가오는 남자라면 무조건 승낙하지 말고 항상 '이 사람이 나의 인연이 아닐 수도 있지, 물론 맞을 수도 있고'라는 생각으로 정신 똑바로 차리고 '이 세상에 믿을 것은 나뿐이다'라는 사실을 기억하자. 부디 싱글맘이라는 이유 때문에 '나를 이상하게 보지 않을까?'라는 쓸데없는 생각은 버리고, 나를 예쁘게 바라보는 사람들과 함께 이 세상을 당당히 살아가길 바란다.

다시 한 번 말하지만 당신은 사랑받기 위해 태어났다. 하지만 이 세상에서 유일하게 나를 배신하지 않을 사람, 나를 지켜줄 사람은 오직 '나'라는 사실도 기억해야 한다. 굳이 옥석을 가리려고 애쓰지 않더라도 남을 사랑하기 전 나부터 사랑하다 보면 나쁜 남자는 알아서 걸러지고, 좋은 남자는 더욱 쉽게 끌어당겨진다는 사실을 알고 있는가? 이런 복권 같은 소식을 알게 되다니, 역시 당신은 행운아다.

엄마는 네가 있어서
진짜로 행복하단다

엄마가 행복해야 아이도 행복하다는 당연하지만 쉽지 않은 진리 ◦.

'엄마가 행복해야 아이도 행복하다.' 너무 당연한 이야기라고 여기는가? 하지만 이를 잊고 사는 이들이 많다. 당신은 어떤가? 당신은 지금 행복한가? 이혼에 관해서 조금 관대해졌다고는 하지만 아직 우리 사회는 엄마, 며느리라는 역할로 여성들에게 너무나 많은 희생을 당연하게 요구하는 듯하다. 아이를 어린이집에 보내야 일을 할 수 있는 상황에도 어린 나이에 아이를 어린이집에 보낸다며 이상하게 여기는 이가 있지를 않나, 엄마라는 이유로 너무나도 쉽게 권고사직을 당하기도 한다.

실제로 아내가 남편보다 많은 급여를 받더라도 엄마의 희생을 너무나 당연하게 여긴다. 어린이집을 제외하고도 모유 수유, 이유식 만들기 등 현실적으로 불가능한 것들을 못한다고 비난하는 경우가 적지 않다. 특히 맞벌이 부부, 워킹맘에 대한 시선은 늘 엄격하다. 일하는 것은 엄마나 아빠나 다르지 않은데 아이가 아프거나 아이의 발달 장애, 집안일 등 집안의 모든 문제는 보통 엄마의 탓이 되기 십상이다. 상황이 이렇다 보니 싱글맘들도 본인이 어쩔 수 없는 선택을 했기에 아이에게 더 미안해하는 경우가 많은 것 같다.

나도 딸아이를 어린이집에 처음 보낼 때 힘들었다. 모유 수유를 못 하게 되어 안타까웠고, 이유식을 사서 먹이는 것이 과연 엄마로서 정당한 권리인지 잘 알지 못해 마음이 심란했다. 육아 서적이나 정보들을 보면 아이가 태어난 직후부터 생후 36개월이 되기까지 엄마 역할의 중요성을 강조한다. 그래서 나도 다섯 살까지 내가 키우리라고 다짐했던 적도 있었다.

예전에는 동네 사람들끼리 공동육아를 하는 것이 어렵지 않은 사회였고, 굳이 맞벌이를 하지 않아도 되는 사회였기에 그런 생활이 가능했지만 이제는 다르다. 맞벌이는 거의 필수조건이 되었고, 이웃 사람들끼리 인사라도 하고 지내는 집을 찾아보기 힘들다. 이런 사회에서 아이의 미래만을 위해 워킹맘에게 예전처럼 희생하기만 바란다는 것이 과연 맞는 걸까? 물론 36개월까지가 아주 중요한 시기라는 것은 충분히 이해한다. 그러면 아이가 36개월이 되기까지 혼자 육아하며 아이에게만 모든 것을 맞춰야 하는 엄마의 삶은? 그 또한 중요하다는 사실을 왜 몰라주는가.

출산이나 양육만큼 엄마의 삶도 중요하다. 직장이 있는 엄마는 회사에서 허용된 기간까지만 일을 쉴 수 있고, 본인의 자리를 만들어가야 되는 엄마는 아이를 낳음과 동시에 남편과 함께 돈을 벌면서 아이를 키울 수 있는 길을 만들어나가야 한다. 양육만큼 엄마의 시간도 너무나 소중하다. 만일 아이를 돌보는 것이 행복하고, 남편의 외벌이로도 충분하며, 본인이 전업주부로 살아가는 것에 동의한다면 아주 훌륭한 조합이고 그대로 살아가면 된다. 하지만 보통은 그렇지 않다는 사실도 인정해야 한다. 특히 이혼을 해 아이를 혼자 키워야 하는 싱글맘은 한 가정의 가장이다. 그만큼 자신의 상황에 적응하고 아이를 키우면서 일도 해야 한다. 그러다 보니 직장을 구하는 것도, 직장을 다니는 동안 아이를 봐줄 곳을 찾는 것도 쉽지 않아 그 과정에서 좌절하고 아이에게 미안해하는 엄마들이 있다.

나도 전업주부였다가 아이를 떼어놓고 일자리를 갑자기 구해야 하는 상황이었다. 당장 돈을 벌어야 했다. 36개월 이전의 아이를 키우고 있지만 쉽지 않은 선택을 했다. 아이는 부산에 있는 친정엄마에게 맡기고 나는 성공을 위해 서울에서 살기로 결정한 것이다.

처음에는 부산에서 서울까지 매일 왔다 갔다 하면서 일을 했다. 그러다 출퇴근 비용과 체력이 쓸모없이 소모되고 있다는 사실을 깨달았다. 그렇게 나는 1년 동안 아이에게 미안하다는 이유로 이도 저도 안 되는 생활을 이어가다가 큰마음을 먹고 주말 엄마를 결정했다.

그때부터 나의 성장에 가속도가 붙었다. 처음에는 아이에게 너무 미안하고 보고 싶어서 많이 힘들었다. 하지만 지금은 어느 정도 내성이 생겨서인지 적응이 되었고, 같이 살 그날을 기약하며 열심히 하루하루 살아가는 중이다. 실제로 큰 결심을 한 만큼 진짜 결실을 보기 위해 지금은 쉬고 싶어도 더 열심히 일하는 원동력이 되기도 한다. 그래서일까? 엄마, 아빠와 함께 살지 않지만 딸아이는 내가 키울 때보다 훨씬 더 행복해 보이고 너무나도 잘 커가고 있다.

특별한 재능이나 학벌이 없기에 아빠의 몫만큼 경제력을 갖추기 위해서는 더욱더 평범하게 살아가면 안 된다고 생각했다. 사실 직장생활을 좋아하지 않을뿐더러 돈 욕심이 많은 편이기도 하다. 성공하기까지 결코 쉽지 않을 것이라는 사실도 너무나 잘 알고 있다. 이 세상에 쉽게 버는 돈은 없고, 지금 무에서 유를 창출하려는 일이 거의 불가능에 가깝다는 것도 알지만 행복을 위해 이 길을 걷기로 마음먹었다. 그 덕분에 어떤 시련이 와도 이겨낼 힘이 있다.

'엄마가 행복해야 아이가 행복하다'는 말이 당연한 것처럼 '어떠한 보상에는 언제나 희생이 따른다'는 것도 진리다. 그럼에도 이 또한 당연하다고 생각해서 많은 사람들이 잊고 살아간다. 혹시 지금 행복하지 않다면 어떠한 희생을 해서라도 행복한 삶을 살기 위해 노력하는 것이 지금 이대로 살아가는 것보다 훨씬 빠르게 보상, 즉 행복이 따라오게 되어 있다는 사실을 기억하기 바란다.

당신이 만약 피아노 치는 것을 좋아해서 피아니스트가 될 준비를 한다고 생각해보자. 피아노 치는 것이 좋아서 피아니스트가 되고 싶지만, 피아니스트가 되기 위해 견뎌야 하는 과정이 항상 행복하기만 할 수 있을까? 그건 거의 불가능에 가까울 것이다. 가끔은 피아노가 너무 치기 싫을 때도, 언제까지 노력해야 하는지 답답할 때도, 친구들이 노는 시간에도 피아노 앞에 앉아 연습을 해야 하는 본인의 상황이 힘들 때도 있을 것이다. 그럼에도 그 시간들을 참고 견뎌내야지만 꿈을 이룰 수 있는 확률이 올라간다. 결과는 시간이 지나야 알게 되는 것이다. 그래도 확률은 점점 올라갈 것이다.

혹시 지금 사랑하는 아이가 평생 행복하기를 바라는가? 아이가 행복하기를 바라는 마음은 보통의 정상적인 부모라면 당연하다고 여길 것이다. 혹시 지금 엄마인 내가 평생 행복했으면 좋겠는가? 당연하다고 생각한다면 다행이지만 '아니요'라고 대답했다면 오늘부터라도 생각을 전환하기 바란다.

당신이 행복하지 않은데 아이가 행복하기는 매우 힘들다. 행복은 가만히 있는 자에게 허용되는 것이 아님을 이제 알고 있지 않은가. 행복 또한 노력하는 사람에게만 주어지는 보상이다. 지금도 가끔 그런 마음이 든다. '내가 지금 내 행복을 위해서 너무 아이의 희생을 바라는 것이 아닐까?' 그럴 때마다 나는 내가 이 길을 걷게 된 근본적인 목적, 초심, 나의 목표를 상기한다. '성공한 엄마, 행복한 엄마', 조금 추상적이기 때문에 고칠 필요가 있지만 내가 열심히 살아가고 성공하고 싶은 이유에 분명 아이가 있다.

현실에 안주하고 싶은 마음, 평범하게 아이 옆에서 편하게 살아가고 싶은 마음이 나라고 왜 없겠는가? 그렇지만 나는 계속해서 달려간다. 행복을 위해서도 나의 성공이 꼭 필요하다고 생각되기 때문이다. 당신은 어떤 일을 할 때 행복한가? 행복이 그렇게 먼 곳에 있지도 않다. 당장 지금 할 수 있는 일부터 노력한다면 분명 전과는 다른 삶을 살 수 있을 것이다. 남자를 잘 만나서 잘 먹고 잘 사는 일이 로또복권 1등에 당첨되는 것만큼 힘든 일이라는 것을 잘 알지 않는가? 내 삶을 행복하게 만들어줄 사람, 행복하게 만들어줄 방법을 아는 사람은 나뿐이다.

"나는 운이 없어. 나는 복이 없는 사람이야. 나는 팔자가 세." 이런 말을 하고 다니면 어떤 이득이 있는가? 나도 처음에는 이런 말을 입에 달고 살았다. 그런데 이런 말을 되새길 때마다 절망하는 나를 발견하게 되었다. 당신도 이런 말을 자주 하고 있다면 당장 멈추고 생각을 전환하려는 노력을 반드시 해야 한다. 그렇게 하지 않는다면 당신은 앞으로도 운이 없는 일, 복이 없다고 느끼는 일, 팔자가 세다고 느끼는 일들이 더 자주 생기면 생겼지 절대 덜 생기지는 않을 것이다.

우리는 아이를 행복하게 키워야 할 의무가 있다. 엄마니까. 이 세상에서 가장 강한 엄마 파워로 아이를 위해서라도 이제 긍정적으로 바라보기 위한 연습을 시작해보자. 그렇지 않으면 당신은 미래에 딸에게 이런 말을 자주 하게 될 것이다. "그건 안 돼. 그건 힘들어. 네가 어떻게 할 수 있다고 그러니?" 부정적인 생각에 지배받는 엄마 밑에서 크는 아이는 절대 행복할 수 없다. 꿈은 내가 살아가는 이유라고 여러 자기계발

서에서도, 성공한 사람들의 강연에서도 심심치 않게 들을 수 있다.

나는 가난하고 무서운 가정환경에서 살아왔다. 중학교 때 나는 '이 세상에서 나만큼 불행한 사람은 없을 거야'라는 생각으로 하루하루를 살아가던 시절이 있었다. 그런 나에게 힘든 결혼생활을 이어가는 엄마도 어쩔 수 없이 나에게 항상 "그건 힘들다, 그건 안 된다"라는 말을 자주 하셨고 지금도 자주 하는 편이다.

그러던 어느 날 학교에서 다큐멘터리 한 편을 보여주었다. 그 영상을 보며 나는 깜짝 놀라지 않을 수 없었다. 세상에 나보다 불행한 사람이 존재하고 있었다. 겨우 열 살 정도밖에 되지 않은 소녀가 병든 할머니를 간호하고, 동생 밥을 해 먹이면서 힘든 나날을 보내고 있었다. 그러면서 힘들지 않느냐는 질문에 이렇게 이야기하는 것이 아닌가. "할머니가 더 힘드시죠. 오늘은 할머니가 건강하게 밥을 드실 수 있어서 행복해요. 잘 드셔서 건강하게 오래 사셨으면 좋겠어요"라고 말하는 아이를 보며 큰 충격을 받았다.

'어떻게 저렇게 생각할 수 있지?' 나도 저렇게 나의 삶을 바라보고 싶었다. 하지만 아무리 생각해도 나는 이런 생각이 머릿속에 떠오르지 않았다. 하교를 할 때까지도 긍정적으로 생각하기 위해 많은 에너지를 소모하였지만 도무지 떠오르지 않았다. 집에 도착하자마자 이대로는 안 되겠다는 생각이 들었다. 공부는 둘째 치고 내 머릿속에 있는 생각을 정리하는 것이 더 중요하다고 생각했다.

무작정 종이 한 장을 꺼냈다. 아무리 애써도 떠오르지 않는 긍정적인 생각을 하기 위해 지금 나의 상황을 크게 적어놓고 그 다큐멘터리 속 소녀처럼 긍정적으로 생각할 수 있는 방법을 고민하기 시작했다. 그렇게 30분이 지나도록 나는 한 가지의 답도 찾지 못하고 멍 때리고 앉아 있었다. 그럼에도 불구하고 나는 포기하지 않았다. 아니, 포기할 수 없었다. 나라고 왜 못 할까 싶었다.

한 시간 정도가 지났을까? 드디어 긍정적인 생각이 한 가지 떠오르더니 그 뒤부터 두 개, 세 개, 생각이 주렁주렁 열매가 나듯 금방금방 자라났다. 종이에 적힌 대로 나의 상황을 긍정적으로 바라보니 기분이 좋아졌다. 그렇게 나는 나의 모든 상황을 긍정적으로 바라보기 위해 부정적인 생각이 떠오를 때마다 이 같은 행동을 반복했다. 그랬더니 뜻밖의 결과가 나왔다. 어느 순간부터는 굳이 종이에 적지 않아도 부정적인 생각을 긍정적인 생각으로 바꾸는 것이 가능해진 것이다.

단 한 번도 나의 상황을 긍정적으로 바라보지 않았던 소녀가, 한 시간 동안 단 한 가지도 긍정적으로 생각할 수 없었던 소녀가 끊임없는 반복 훈련으로 어떤 상황에서도 긍정적으로 바라보는 데 1분도 필요 없는 경지에 오르게 되었다. 그런 나의 모습이 뿌듯해 주변에 나의 변화를 이야기해주며 너도 해보라고 이야기해보았지만 그들은 하나같이 이렇게 대답했다. "너는 원래 긍정적인 사람이잖아. 너라서 가능할 거야. 이 상황에서 어떻게 긍정적으로 바라보라는 거야?"

아무리 내가 했던 방법을 추천해주어도 그 자리에 머물러 있었다. 너무나 안타까웠지만 그것 또한 본인의 선택이겠지? 지금도 나에게 "너는 원래 긍정적인 아이잖아!"라고 말하는 사람이 많지만 사실 나의 긍정은 수많은 노력 끝에 만들어지고 학습되어서 이런 나에게 적응된 것일 뿐이다. 그 덕분에 싱글맘이 된 상황에서도 남들보다 훨씬 빠르게 일어날 수 있지 않았나 싶은 생각도 든다. 이렇게 학습된 나는 '행복은 성적순이 아니다'라는 말을 듣고 이렇게 생각했다. '성적이 좋지 않아도 행복할 수 있구나, 누구에게나 행복이라는 것은 동등하게 주어지는구나.'

행복은 생각보다 멀리 있지 않다. 부정적인 생각 하나 바뀐다고 뭐 얼마나 바뀌겠나 싶은가? 그 또한 당신이 지금 너무 부정적이기 때문에 당신의 행복을 가로막는 지금의 패턴을 버리지 못하는 것일 뿐이다.

이 세상에 힘들지 않은 사람은 없다. 지금 나의 상황을 어떻게 받아들이느냐는 엄마도, 아이도 아닌 바로 나 자신에게 달려 있다. 생각 하나만 바꿔도 나는 언제든지 행복해질 수 있다. 그리고 나의 변화로 인해 아이에게도 행복을 선물해줄 수 있다. 이보다 좋은 변화가 무엇이 있을까? 너무나 당연한 이 진리를 늘 기억하자. 아이가 행복해지기를 원한다면 엄마부터 행복해야 한다.

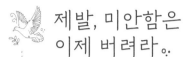

제발, 미안함은
이제 버려라.

'물론 나의 행복은 중요하지. 그렇지만 아이에게 미안한 마음이 드는 것은 당연한 것 아닌가?' 이 말도 틀린 말은 아니지만 이제 미안함은 떨쳐버리자. 물론 이해가 되지 않는 사람도 꽤 많을 것이라고 생각한다. 그리고 나 또한 아직 미안함을 다 버리지는 못했다. 그렇지만 간절하게 바란다, 아이 앞에서만은 제발 미안해하지 않기를.

'아이 앞에서 미안해하지 말라는 이유가 뭐야? 왜 미안해하면 안 되는데?' 이런 마음을 가지고 있는 당신에게 물어보고 싶은 질문이 있다. 당신이 미안해하는 게 당신과 아이에게 어떤 좋은 영향을 줄까? 나는 아무리 생각해도 도무지 좋은 영향이 떠오르지 않는다. 물론 아이에게 미안함을 가지는 것이 이상한 현상은 아니다. 오히려 거의 모든 싱글맘들이 아이에게 미안함을 가지고 있다고 해도 과언이 아니다.

아이에게 엄마도 네가 아빠와 함께 살 수 있도록 많은 노력을 기울였지만 어쩔 수 없었다며 미안함을 나누는 것은 좋다. 하지만 아이를 볼 때마다 미안해하고 죄책감을 가지고 있는 엄마의 모습을 보여준다면 아이가 어떨까? 당신이 그렇게 행동하는 이유는 무엇인가? 어떤 상황을 원하는 것인가? 아이가 당신의 마음을 완벽히 이해해주기를 바라는 것인가, 아니면 엄마라는 사람이 이 세상이고 전부인 아이가 자신 때문에 매일 슬퍼하는 엄마의 모습을 보며 항상 미안함을 가지고 당신을 안타깝게 여기기를 바라는 것인가?

물론 당신은 전자의 마음이 강했겠지만, 실제로 아이는 후자의 경우가 훨씬 많다는 사실을 기억해야 한다. 엄마가 자기 때문에 힘들어하는 것 같다는 생각을 가지고 하루하루를 살아가는 우리 아이들의 마음을 부디 알아주기 바란다. 엄마가 힘들어하는 모습을 보여도 아이는 아무것도 모르니까 괜찮을 거라는 생각은 정말 잘못된 생각이다. 아무리 어린아이라 해도 생각이라는 것이 존재하기 때문에 아이에게 한두 번 미안함을 표현했다면 그걸로 됐다. 거기서 끝내라.

이미 돌이킬 수 없는 상황이라면 그만 미안해하고 이겨내기 위해 노력해보는 게 훨씬 더 현명한 선택이다. 아쉽게도 아직 깨우치지 못한 엄마들을 위해 아이의 마음을 이해할 수 있을 만한, 이해가 될 만한 상황을 예를 들어 이야기해보려고 한다.

자, 지금부터 아이에게 자주 미안함을 내비치고 있는 상황에서 당신과 아이의 처지를 한번 바꿔서 생각해보자. 이 상황 속의 주인공이 나라면 어떤 기분일지 생각하며 상상을 해보면 된다.

내가 출근을 하기 위해 버스를 타고 가고 있는데 버스가 갑자기 급정거를 하는 바람에 옆에 있던 사람이 중심을 잃고 나의 발을 밟아버렸다. 물론 너무 아프고 조금 더 조심했으면 좋겠다는 생각은 들었지만, 그 사람도 어쩔 수 없었다는 것을 아는지라 이해하고 넘어가려고 했다. 미안하다는 말을 하지 않으면 기분이 나쁠 것 같았지만 다행히도 그 사람은 매우 당황스러워하며 미안하다고 사과했다. 나도 상대방의 진심에 괜찮다고 대답했고 그렇게 상황이 종료되었다고 생각했다. 그런데 아쉽게도 그건 나만의 생각이었다.

　그 사람이 또다시 나에게 미안하다고 사과를 했다. "진짜 괜찮아요? 진짜 너무 죄송해요. 버스가 갑자기 급정거를 하는 바람에 저도 모르게 실례를 한 것 같아요. 죄송합니다. 조금 세게 밟은 것 같은데 정말 괜찮나요? 너무 죄송해요." 나는 또 대답했다. "괜찮아요. 이해합니다. 사실 조금 아프긴 했는데 금방 괜찮아졌어요. 그럴 수도 있죠. 괜찮습니다." 기분이 약간 나빴는데 상대방의 미안하다는 사과에 오히려 기분이 좋아졌고, '저 사람도 참 괜찮은 사람이네' 싶었다. 정말이었다. 나는 괜찮았고, 더는 아무렇지 않고 상대방이 밉지도 않았다. 그런 나에게 또 말을 거는 그 사람. 무슨 일인가 하고 쳐다보니 또 사과를 한다. 진심으로 그만했으면 좋겠는데 말이다.

　"아, 진짜 괜찮아요? 너무 죄송해요. 많이 아프셨을 것 같아요. 진짜 죄송합니다." 아까까지 참 괜찮은 사람이다 싶었던 나의 생각이 잘못

되었나 하는 의문이 들면서 약간 짜증이 나려고 한다. 그래도 사과하는 건데 이해해줘야지 어쩔 수 있나? 귀찮음을 꾹 참으며 "아, 진짜 괜찮아요. 그만 죄송해하셔도 돼요"라고 대답했다.

생각만 해도 답답하지 않은가? 괜찮다는데 계속해서 죄송하다고 하니 괜히 무안해지면서 약간 화도 나는 감정이 들 것이다. 그럼에도 불구하고 그 사람은 아직도 사과를 끝내지 않고 현재진행형이다.

다행인지 불행인지 그 사람과 나는 버스 안에서 자주 마주치고 그때마다 "그땐 정말 죄송했어요"라며 매번 사과를 한다. 사과하는 게 나쁜 것이 아닌데 도대체 나는 왜 화가 나는 걸까? 언제까지 할 작정인지 심히 고민되고 스트레스가 되기 시작한다. 사과하는 건 좋은 것이라고 했는데, 이상하게 그 사람이 나를 보면 또 미안하다고 할까 봐 나도 모르게 그 사람을 피하고 싶어진다. 그놈의 죄송하다는 말, 이제 그만 듣고 싶다.

이 이야기 속에서 어쩔 수 없는 상황에서 발을 밟힌 것을 진심으로 이해해주는 '나'는 바로 우리 아이들이다. 그리고 그런 '나'에게 매번 미안하다고 이야기하는 사람이 바로 당신이다. 아이 입장에서는 얼마나 끔찍할까? 피하고 싶지만 피하지도 못하고 얼마나 답답할까? 너무 지나치다고? 그렇게 믿고 싶을지 몰라도 실제로 지금 당신이 하고 있는 행동은 이 상황과 별반 다를 것이 없다. 더했으면 더했지, 덜하지는 않을 것이라는 뜻이다. 다시 한 번 말하지만 미안한 마음을 절대 가지지 말라는 것이 아니다.

처음에는 정중하게 상황 설명을 하며 미안하다고 하면 아주 훌륭하다. 그 이상 표현을 하고 있다면 그때마다 사과를 들어줘야 하는 상대방, 아이의 입장도 한 번쯤은 생각해주길 바란다. 오히려 미안하다는 말 때문에 아이가 엄마를 피하게 되는 불상사는 부디 피하길 바란다.

말처럼 간단하지 않다는 것 또한 나도 안다. 하지만 우리는 그래야만 한다. 우리는 엄마이니까. 이 세상에서 아이에게 가장 믿음을 주고 아이를 지켜줘야 하는 엄마이니까. 나도 모르게 자꾸 미안하다는 말이 튀어나올 것 같을 때에는 미안하다는 말 대신 사랑한다고 말해보자. 미안하다는 말보다 훨씬 더 효과적일 것 같은 기분이 드는 건 나만의 착각일까? 나는 오늘도 미안하다는 말 대신 이렇게 말한다. "사랑해, 단아. 엄마 딸로 태어나줘서 고마워!"

부디,
당당한 엄마가 돼라。.

제발 미안해하지 말고 부디 당당한 엄마가 돼라. 나도 싱글맘이지만, 그럴 수밖에 없는 사람도 있다는 것을 잘 알지만 유독 아이에게 당당하지 못한 엄마가 많은 것 같아서 너무 속상하다. 본인이 이 세상에서 가장 불쌍한 사람이라고 생각하거나, 피해자라고 생각하는 경우도 꽤 많다. 혹시 당신도 자격지심 때문에 세상이 훨씬 힘들다고 느껴지거나 불필요하게 본인을 괴롭히고 있지는 않은가? 한번 생각해보라. 자격지심이나 열등감 하나 없이 살아가는 이가 과연 있을까? 내 주변 사람들에게도, 그리고 과거의 나에게도, 당신에게도 자격지심이 알게 모르게 자리 잡고 있다.

7년 전, S카드 고객센터에서 근무했을 때의 이야기다. S카드는 다른 카드사와 달리 나라에서 자격 조건이 되는 사람에게만 발급해주는 신용/체크카드가 굉장히 많다. 나라에서 발급되는 카드는 모두 취급하고 있다고 해도 무방했다고 할까? 우리는 이런 카드를 통틀어 '복지카드'라고 칭했다. 지금은 많이 양호해졌지만 7년 전 고객센터는 상대방이 욕을 해도 그저 듣기만 해야 했다. 그래서 그런 상황을 방지하기 위해 일명 '진상' 고객을 경고등으로 표시해주었다. 이런 고객들만 따로 전화를 받는 분도 계셨지만 가끔 업무가 많이 바쁘면 우리가 받곤 했다. 경고등이 표시된 손님과 전화가 연결되면 그 사람과 상담할 때 유의해야 하는 사항들도 표시되었다.

이렇게 운영되는 시스템이었는데 S카드에서 직원으로 근무하기 전 교육생 시절부터 매우 강조하던 조심해야 할 고객 1순위가 있었다. 해당 카드를 소지하고 있는 고객을 무시하는 듯한 표현은 아주 사소한 말이라도 굉장히 조심해야 한다고 했다. 그 이유는 바로 자격지심 때문이었다.

해당 카드는 우리나라 남자라면 누구나 다녀와야 하는 군대에서 훈련 중 사고가 발생해 장애인이 되어버린 청년들에게 발급해주는 카드였다. 우리는 평상시처럼 상담을 함에도 불구하고 그분들은 본인의 카드 명칭이 장애인이라는 정보를 대변하고 있다는 사실을 알고 있어서인지 자기방어를 하는 것이었다. 실제로 무슨 카드가 무슨 카드인지 모르는 초보 직원의 사소한 한마디에도 '내가 이 카드를 쓰고 있어서 무시하느냐, 내가 장애인이라고 무시하느냐'며 엄청난 민원으로 이어지기 일쑤였다.

이분들에게는 그냥 미안하다고 하는 것이 답이라고 했다. 그분들의 마음이 풀릴 때까지. 그래서인지 화나는 일이 있으면 일부러 전화를 해서 화를 푸는 것 같은 기분이 들 때도 있었다. 물론 아닐 수도 있지만. 이렇게 조심해야 하는 사람과 전화를 하면 오히려 더 긴장해서 불친절하게 느껴지는 목소리로 변하기도 했다. 만일 경고 메시지가 없었다면, 경고 메시지가 필요 없는 사람이었다면 민원 사례가 더 자주 발생했을까? 나는 아니라고 본다.

너무나 안타깝게도 보통 자격지심이 있다는 사실을 본인은 인지하지 못하고 있다. 과거의 나처럼 자신의 약점을 인정하기 싫어서 애써 외면하는 경우도 있다. 위의 사례는 많고 많은 사례 중 일부분에 불과하다. 자격지심은 지금 이 순간에도 인간관계에 어려움을 더하는 작은 불씨가 되고 있다. 이런 악순환을 끊기 위해 우리는 어떤 노력을 하면 좋을까? 아마 지금 이 글을 읽고 있는 거의 대부분이 이런 다툼으로 이어지는 작은 불씨를 가지고 있을 것이다. 그리고 싱글맘이기에, 비슷한 상황에 처해 있기에 공통적으로 가지고 있는 마음은 이렇다. '아이와 함께 살고 있으나 아이 아빠와는 함께 살지 않는다.'

보통 이런 마음은 아이를 핑계 삼아 나를 부정하고 싶은 마음에서 시작된다. 이 이야기는 아이에게 미안해하지 말라는 말과 약간 연관성이 있다. 이런 상황이 왜 생기는지 객관적으로 유심히 관찰해보았다. 그 결과 우리는 이런 생각과 과정을 통해 자격지심, 열등감이 자리 잡게 된다는 사실을 알게 되었다. 엄마가 돼서 아이가 아빠와 함께 살 수 없는 가정환경을 조성했다는 사실이 너무나 미안하고, 그런 본인 때문에 아이가 상처를 받는 것이 싫다는 생각으로 이어지면서 자연스럽게 나의 내면에 작은 불씨가 자리 잡게 된다는 사실을.

전자든 후자든 상황을 냉정하게 바라보는 시간을 가졌기 때문에 얼마든지 작은 불씨를 꺼버릴 힘이 있다. 불씨가 생기게 된 원인을 스스로 잘라내면 된다. 만약 내 안의 불씨를 가만히 놔둔다면 필요 없는 감정 소모를 하는 일이 자주 발생할 것이다. 예를 들어 다음과 같은 상황이 생길 수 있다.

어린이집 하교 후 아이와 놀이터에 들러 재미있게 놀고 있는데 알림장 앱에서 자주 본 것 같은 아이의 친구가 엄마와 함께 놀이터로 들어왔다. 마침 친구 엄마도 우리 아이를 알아봐서 아이 키우는 이야기를 하며 금세 친해졌다. 친구와 함께 노는 아이는 즐거워 보였다. 아주 흐뭇했다. 그렇게 이야기꽃을 피우다 보니 어느새 시간이 훌쩍 흘러 저녁 시간이 가까워지고 있었다. 이제 집에 가서 밥을 먹여야겠다는 생각을 하고 있는데 친구 엄마의 곤란한 질문에 나의 말문이 갑자기 막혀버렸다.

"아이 아빠는 몇 시에 퇴근하세요? 아이 아빠는 뭐 하는 분이세요?" 이런 건 뭐 하러 묻는 걸까? 우리가 한부모가정이라는 사실을 알고 일부러 곤란한 질문을 하는 건가 싶어서 기분이 굉장히 나빠졌다. 사실 상대방에게는 악의가 전혀 없고 그저 어색한 분위기를 무마하기 위해 가볍게 질문을 했을 뿐인데 나의 자격지심으로 인해 한순간에 무례한 사람이 되어버리고 만다. "아빠 없거든요? 알면서 일부러 떠보시는 거죠? 진짜 너무하시네. 싫으면 싫다고 말을 하세요!"

조금 과장하기는 했지만 실제로 이런 사례가 주변에서 많이 일어나고 있다고 한다. 이처럼 겉으로 표현을 하는 사람도 있겠지만, 티도 못 내고 속으로만 끙끙 앓는 경우도 매우 많다. 이 같은 상황에서 갑자기 화를 내는 나의 태도를 보고 상대방은 뭐라고 생각했을까? 상대방은 나를 어떤 사람이라고 생각했을까? 과연 이런 상황에서 아이에게 미칠 악영향은 전혀 없을까? 그렇다면 과연 이런 행동은 누구에게 이득이 되는 것일까? 나도, 상대방도, 아이도, 아이 친구도, 원장님, 선생님 등 모두가 불편해지는 상황만이 눈앞에 펼쳐질 것 같지 않은가?

나도 한부모가정이고 싱글맘이지만, 이런 엄마 밑에서 크는 친구와는 친하게 지내지 말라고 할 것 같다. 만약 내가 싱글맘이라는 것에 자격지심이 없었다면 상황은 어떻게 돌아갔을까? 그 상황에서 그런 질문은 너무나 당연하다고 생각하고 서로 기분 나쁘지 않게, 당황스럽지 않게 오히려 상대방을 배려하기 위해 노력할 것 같다.

그럼 어떻게 대답하는 것이 좋을까? 나였다면 이렇게 대답할 것 같다. "아빠는 몇 시에 퇴근하세요?"라는 질문에는 "아이 아빠는 저예요. 비록 겉모습은 엄마이지만 제가 아빠의 역할을 하고 있거든요. 그러다 보니 저의 엄마가 엄마 역할을 해주고 계세요. 친구 아빠는 언제 퇴근하세요? 들어가셔야 되는 거 아니에요?", "아빠는 뭐 하는 분이세요?"라는 질문에는 "아이 아빠는 그냥 회사 다녀요. 친구 아빠는 무슨 일 하세요?"라고 대답할 것이다. 아이 아빠의 직업에 왜 그냥 대답하나 싶을 수도 있지만 틀린 말은 아니지 않는가? "아이 아빠와 같이 살고 있어요?"라는 질문이 아니지 않은가? 그냥 아이 아빠의 직업을 묻는 질문이기에 거기에 맞는 답을 했을 뿐이다.

만약 이혼했다는 말을 해야 하는 상황이 와도 상대방이 당황하지 않게 이야기하려고 노력할 것이다. 처음에는 몰랐는데 나는 아무렇지 않아도 상대방이 오히려 괜한 질문을 했다며 곤란해하는 때가 더 많은 것 같았기 때문이다. 그러면서 알게 되었다. 이혼했다는 사실을 숨길 필요도 없지만 굳이 알릴 필요도 없다는 것을.

생각보다 세상은 당신의 이혼에 크게 관심이 없고 비판할 생각이 없다. 이와 같은 질문이 나오게 된 순서를 한번 생각해보자. 정말로 나를 곤란하게 하기 위한 질문이었을까? 보통은 그렇지 않다. 지금 나와 함께 살고 있든 말든 아빠가 존재하기 때문에 아이도 있는 것이다. 친구 엄마는 시간의 흐름에 맞춰 자연스럽게 대화하며 현재의 어색함을 풀기 위해 노력했던 것일 수도 있다. 괜한 죄책감이나 부끄러움, 열등감 같은 것을 그대로 방치해놓는다면 앞으로 이런 감정은 계속해서 커질 수밖에 없다.

자신 먼저 당당해지자. 미안함도 좀 버리고. 아이에게 아빠와 함께 살 수 없는 삶을 준 것도 사실이지만, 그렇기 때문에 행복한 엄마 밑에서 자랄 수 있게 된 것이기도 하지 않은가? 그래야 지금을 있는 그대로 받아들이고, 나를 통해 아이도 자신의 상황을 자연스럽게 받아들일 수 있게 된다. 아이에게 아빠의 부재에 대한 죄책감이나 부끄러움을 많이 가질수록 아이가 아빠의 부재를 받아들이기 힘들 수 있다는 것을 기억하자.

내가 당당할수록 아이도 당당하다. 내가 행복할수록 아이도 행복하다. 이렇게 생각하는 것만으로도 기분이 좋아지지 않은가? 내가 잘하면 아이도 나처럼 행복할 수 있고 나처럼 행동할 수 있다니, 이래서 아이는 부모의 등 뒤에서 자란다고 하는가 보다.

내가 행복해야
부모님도 행복하다。

'내가 행복해야 아이가 행복하다'는 너무나 당연한 원리가 똑같이 적용되는 부분이 있다. 바로 '내가 행복해야 부모님도 행복하다'는 사실이다. 이 부분에 대해서는 적을까 말까 굉장히 고민이 많았다. 혹여나 부모님이 아무도 계시지 않아 속상해하는 사람이 발생할 수도 있을 것 같아서였다. 앞서 언급했던 것처럼 우리는 부모님이 계셨기에 이 세상에 존재할 수 있었으니까 이해해주길 바란다. 이 내용을 빼기에는 지금의 나를 지지해주고 있는, 내가 지금 하고 싶은 일을 하는 데 가장 중요한 역할을 해주고 있는 분이라는 생각이 들었다.

혹시 지금 부모님이 계시지 않는다는 이유로 속상해하는 분이 있다면, 혹시 상처가 되었다면 이 자리를 빌려 진심으로 사과드린다. 그리고 그분들에게 한 가지 말씀드리고 싶은 것은, 이 세상은 참으로 공평하다는 사실이다. 한쪽이 모자라면 다른 쪽이 더 발전할 수 있다고 하니 너무 속상해하지 않기를 바란다.

사실 나는 아이를 낳기 전 엄마를 사랑하긴 했지만 엄마를 미워하기도 했던 것 같다. 엄마이기 때문에 미워할 수 없었고, 엄마이기 때문에 이해하려고 노력했던 일들이 많았기 때문이다. 이해가 되지 않는 부분이 많았지만 나는 엄마 말을 잘 듣는 착한 딸이어야 했기 때문인지 이해하는 척을 해왔던 것 같다. 그러는 와중에도 내가 정말 가야 되는 길이라고 생각하면 밀어붙였지만.

아무튼 내가 아들이 아닌 딸이었기 때문에 그나마 어렴풋이 엄마가 나를 바라보는 부모의 마음을 어느 정도 추측하고는 있었지만, 부모가 되어보지 못해서 그 속사정을 알 길이 없었다. 그리고 엄마 또한 많이 무뚝뚝하고 표현하는 것에 서투른 분이었다. 중학교 때 중간고사보다 기말고사의 성적이 전교 10등 올랐을 때도, 영어시험 점수가 50점대에서 90점대로 올랐을 때도 엄마가 크게 칭찬해주거나 기뻐하지 않아 섭섭했던 기억이 아직도 마음 깊이 자리 잡고 있다. 엄마를 위해 집안일을 도와드리고, 중학교 때 이후로 용돈도 받지 않고 아르바이트를 하며 알아서 생활하려 노력했으며, 장학금도 자주 받았는데 원래 그런 딸이라고 생각해서인지 엄마는 매번 엄마의 속을 썩이기만 하는 아들을 더 걱정하고 작은 부분에도 기뻐했다.

엄마와 나는 친한 것 같으면서도 서로 상처 되는 말을 하는 것이 너무 습관화되어 있었다. 과거 엄마와 함께 밥을 먹고 나서 나에게 심히 걱정된다는 듯 물어보던 그 사람의 말이 생각난다. "장모님과 너의 대화는 언제 터질지 모르는 시한폭탄 같아. 서로 상처 주는 말을 웃으면서 하는데 옆에 앉아 있는 내가 다 불편해." 나도 알고 있었다. 그리고 그 사람의 말이 무슨 뜻인지 이해가 되었기에 나는 할 말이 없었다.

이상하게도 엄마는 전남편과 함께 밥을 먹으면 나의 약점이나 단점에 대해 자주 지적했다. 안 그래도 임신해서 예민한데 자꾸 쏘아대는 엄마의 말 때문에 울컥했던 적도 있다. 그래도 나는 엄마를 미워할 수 없었다. 엄마는 나의 엄마니까. 그리고 내 마음속에서 엄마는 항상 걱정되는 사람이었고, 뭔가 하나라도 더 도움을 주고 싶은 마음이었다.

그렇게 진전이 없을 것 같던 사이가 서서히 좁혀지게 된 것은 내가 실제로 엄마가 되고 난 이후부터였다. 이래서 '딸은 아이를 낳아야 철이 든다'고 하나 보다. 나도 아이를 낳음으로써 과거 엄마의 마음을 완전히 이해할 수 있었고, 엄마가 나를 키우며 얼마나 힘들고 얼마나 희생을 했는지 생생하게 알게 되었다. 내가 엄마가 되었지만, 손녀도 물론 사랑스럽지만 손녀가 딸보다 더 예쁘고 소중할 수는 없다는 엄마의 행동들은 내가 육아로 힘들어할 때마다 다시 힘을 낼 수 있는 원동력이 되어주었다.

그렇게 나는 엄마가 된 이후 과거 엄마가 나에게 했던 행동들을 진심으로 이해할 수 있게 되었다. 그리고 확실히 알게 되었다. '내가 행복해야 엄마가 행복하다'는 사실을. 정상적인 엄마라면 절대 내 자식 눈에 눈물 나는 상황에서 행복할 수 없다는 것을.

우리나라 사람들은 남들에게 보이는 부분을 내가 원하는 삶보다 중요하게 생각하는 편이라고 한다. 실제로 사람들의 성격을 분류하는 MBTI 심리검사에서 우리나라의 경우 특히 ISTJ 성격을 가지고 있는 사람이 16개 문항 중에서 33%를 차지할 정도로 많다고 한다. ISTJ는 내성적이고, 현실적이며, 감정보다 사고 중심이며, 충동적인 것보다 계획적인 것을 중요시하는, '천 리 길도 한 걸음부터'라고 생각하기 쉬운 사람들이다. 한국 사람들은 대부분 본인이 생각하는 것과 본인이 경험했던 절차만이 유일한 답이고 가장 안정적이라고 생각한다는 뜻이다. 이렇게 살아온 사람들은 대부분 이렇게 살아오기를 강요당해온 지금의 우리 부모님 세대이지 않을까 싶다.

미국은 ESTF, ESTP 등 외향적이고 도전을 좋아하는 사람들이 많은데 한국의 1위 33%보다 한참 모자란 15% 정도이고, 나머지도 나름 고루고루 아주 다양하게 존재한다. 그만큼 우리나라는 다른 나라에 비해 현실과 계획을 월등히 중요시하는 이들이 많다. 그래서인지 남들 눈에 튀지 않고 평범한 경로대로 살아가는 것을 최고의 효도라고 생각한다. 예를 들면 이런 식이다. 이름 없는 대학이라도 대학은 나와야 되며, 중매를 해서라도 부모님이 적정한 나이라고 생각하는 때 결혼을 해야 한다. 결혼을 했으면 부모님이 원하는 시기에 맞춰 아이를 낳아야 하며, 아이를 낳았으면 책임감을 가지고 살아야 하는 동시에, 행여 부부 사이에 무슨 일이 있어도 평생 헤어지지 않고 같이 살다 죽음을 맞이하는 것이 가장

이상적이라고 말한다. 그런 주입식 교육을 받은 우리는 나도 모르게 이상한 관습에 스며들어 이 중 단 하나의 과정이라도 벗어나면 엄청 큰일이 일어나는 줄 알고 두려움에 떨게 되지 않나 싶다. 나 또한 이렇게 교육받고 자란 사람 중 한 명이다.

주변 친구들을 봐도 무슨 큰일이 있을 때 "엄마한테는 말하지 마"라고 말하며 혼자 끙끙 앓는 경우가 너무 많은 것 같다. 그런 말을 들을 때마다 나는 너무 답답하다. 예전에는 그렇게 부모님에게 말하지 않는 것이 나을 수도 있겠다고 생각했다면, 지금은 무조건 부모님에게 말하는 것이 가장 현명하다고 생각한다. 부모님이기 때문에 더더욱 알고 있어야 하는 경우도 많고, 실제로 부모님에게 말을 하면 생각보다 간단하게 해결되는 경우가 많다.

다행히 나는 이런 사실을 일찍 깨달았다. 과거에는 나에게 큰일이 있을 때마다 엄마에게 말할 용기가 어디서 나왔는지 몰랐다. 하지만 지금은 이 또한 엄마 덕분이라는 것을 알고 있다. 엄마는 어린 시절부터 나에게 많은 애정과 사랑을 주었다. 그 덕분에 커가면서 어려운 일이 닥쳐도 엄마에게 말할 용기가 있었다. 그리고 다시 일어날 힘이 있었다. 덕분에 나는 지금 이 세상에 존재하고 있다고 해도 과언이 아니다. 나에게 용기가 없었다면, 만약 고등학교 때 죽는 것보다 학교 가는 것이 더 힘들다는 사실을 혼자만 끙끙 앓고 엄마에게 말하지 않았더라면, 내가 자살 시도를 했던 날 엄마가 이상하게 여기지 않았더라면 지금처럼 잘 살 수 없었을 것이다.

고민을 엄마에게 털어놓지 않았다면? 아이를 가졌다고 이야기하지 않았다면? 이혼하고 싶다고 말하지 않았다면? 지금의 행복한 나는 이 세상 어디에도 존재하지 않았을 것이다. 그리고 지금의 상황보다 훨씬 더 곤란했을 가능성이 크다. 아무리 이해해주지 않을 것 같은 부모님이라고 해도 아예 모르는 것보다 알고 있는 게 훨씬 좋다는 사실을 부디 인지했으면 좋겠다.

반대로 생각해보자. 당신의 아이가 살아가다가 엄청난 장해물과 맞닥뜨렸다. 그런데 엄마가 속상할까 봐 아무 말도 하지 않고 혼자 끙끙 앓고 있다면 당신의 마음은 어떨 것 같은가? 나중에 곪을 대로 다 곪았을 때 알게 된다면 나의 심정은 어떨 것 같은가? 생각만 해도 너무나 끔찍하다. 아이가 아픈 것보다 내가 아픈 것이 낫다고 생각하는 우리의 마음도 모르고 혼자 아팠을 아이 생각에 얼마나 가슴을 치며 속상해할까? 이처럼 부모님은 나의 마음과 별반 다르지 않은 경우가 많다. 실제로 사랑하지 않아서가 아니라 부모님도 나처럼 사랑을 표현하는 방법이 서툴러 오해가 쌓인 경우가 많다는 것이다.

남에게 표현하는 만큼만이라도 부모님과 나의 속마음을 조금씩 이야기해보는 시간을 가져보자. 결혼생활을 해봐서 더 잘 알지 않는가? 가까울수록 익숙함에 속아 소중함을 잊고 살 수 있다는 사실을. 우리도 부모님의 존재, 익숙함에 속아 소중함을 잊지 말자.

'먼저 스스로 마음의 평온을 유지해야 다른 사람도 평온하게 만들 수 있다'는 말은 진리다. 내가 행복하지 않으면 아이도 행복하기 힘들다. 그리고 부모님도 내가 행복하지 않으면 행복하기 힘들다. 과거의 나는 무조건 엄마가 하라는 대로 행동하고 끝이 좋지 않은 것들은 모두 엄마 탓을 해왔다. 그리고 엄마가 나를 잘 알지도 못하고 이상한 길로 가기만을 원한다고 생각했다. 사실은 이제껏 내 삶의 주인인 내가 나를 관리하지 않았기 때문에 생긴 일들이었는데 말이다. 지금 어떤 상황에 있건 처음 나의 상황을 알게 되면 부모님의 마음도 편하지 않겠지만 결론적으로는 좀 더 나은 선택을 할 수 있게 될 것이다.

실제로 나는 아직도 아빠가 밉다. 하지만 지금은 많이 용서하였고, 이제 아빠가 밉기보다 불쌍하다고 생각한다. 이 또한 상처가 많이 아물었기 때문에 드는 생각이다. 예전에 내가 제일 듣기 싫은 말 중 하나가 '아빠가 밉다'고 하는 나의 말에 "그래도 아빠인데 아빠한테 그러면 안 되지"라고 하는 어른들의 대답이었다. 당해보지 않았으면 말을 하지 말라고 하고 싶었다.

과거와 달리 요즘은 부모 같지 않은 부모도 상당히 많다. 내가 부모가 되어보니 더더욱 이해가 되지 않는 사람들. 그렇기에 부모도 부모 나름이다. 부모가 해야 할 의무는 다하지 않으면서 자식으로서의 책임만을 강조한다면 부모라는 호칭에 걸맞지 않을 확률이 매우 크다. 그리고 평생 바뀌지 않을 가능성도 크다.

'낳는 것보다 키우는 것이 더 힘들다.' 이 말에 아마도 다들 공감할 것이다. 그렇다고 하더라도 훈육이라는 핑계로 아이에게 손찌검을 하거나 폭언을 일삼는 부모는 자격박탈이다. 사랑하지만 분노조절로 잘못된 행동을 했다면 부디 늦었다고 생각하지 말고 아이에게 진심으로 사과해야 한다. 생각보다 과거 부모님의 폭행을 아주 또렷하게 기억하고, 몇 십 년이 지나도록 상처로 남아 있는 경우가 많다. 내가 말하는 부모님은 이런 분들을 제외한, 부모로서의 책임을 다한 분들을 말한다.

이와 같은 상황이 아니라면 '내가 행복해야 부모님이 행복하다'라는 말을 마음에 새겨야 한다. 아직 그렇지 못하다면 나의 이야기에 용기를 내 한 발자국 먼저 다가가보는 것은 어떨까? 밑져야 본전이다. 우리 엄마는 앞에서도 말했듯이 손녀도 사랑하지만 나를 더 사랑한다. 손녀를 사랑해서 키워주시는 게 아니라 나를 사랑하기 때문에 손녀가 사랑스럽다고 하신다. 그 마음이 보일 때마다 이기적인 나는 세상에 내 편이 있는 것 같아서 기분이 좋아진다. 아이를 낳고 나니 엄마 생각을 하면 울컥한다. "엄마, 꼭 효도할게요. 감사해요. 사랑해요."

죄송함 대신
가져야 할 마음.

"결혼해서 잘 사는 모습을 보여주고 싶었는데 그러지 못해서 너무 죄송스러워요." 혹시 당신 이야기인가 싶은가? 당신을 비롯한 거의 대부분의 이혼 남녀들이 부모님에게 죄송한 마음을 가지고 있다. 나라고 별수 있었을까. 나 또한 이런 마음을 가지고 있다. 그러다 보니 이혼을 했지만, 싱글맘이 되었지만 죄송한 마음 때문에 군이 말하지 않는 부부도 있다고 한다. 이런 중대한 상황을 부모님이 평생 모를 수 있는 것도 아니니 웬만하면 하루빨리 이혼한 사실을 알리기 바란다. 자식의 이혼 사실을 본인만 모르고 있다가 나중에 다른 사람들 앞에서 알게 되면 얼마나 상심하시겠는가.

자, 하루빨리 말씀드리고 마음 편해지자! 이미 저지른 일을 어떻게 할 수도 없는 노릇이지 않은가. 그리고 아이에게도 그만 미안해하고, 부모님에게도 그만 미안해하자. 앞에서 아이에게 미안하다는 말을 그만하라고 했듯이, 계속 죄송한 마음을 가지고 있다고 해서 부모님에게도 좋은 영향을 주는 것은 거의 없다. 그런 마음이 현재진행형일수록 오히려 서로서로 불편함만 더해질 뿐이지 않을까? '미안하다'고 하다 보면 스스로도 점점 작아지는 기분을 느끼게 된다. 예를 들어 '나는 부모님에게 실망만 주는 쓸모없는 사람이야!' 같은 부정적 생각은 점점 더 진짜가 되어갈지도 모른다. 하지만 이게 말처럼 쉽지 않다. 그리고 정말 안타깝고 죄송한 일이지만 만일 나처럼 부모님께서 일하느라 바쁜 나 대신 아이를 봐주고 있는 경우라면 더더욱 어렵다.

'효도를 해도 모자랄 판에 짐을 짊어드리고 있다. 나는 불효녀다.' 이런 생각이 가끔 들 때가 있다. 아니, 있었다. 하지만 지금은 그렇지 않다. 내가 경험해보고 나니 죄송하긴 하지만 그런 마음은 내가 앞으로 나아가는 데 방해만 될 뿐 아무런 도움이 되지 않는다는 것을 확실히 알 수 있었다.

나 또한 그런 과정을 거쳐 성장하였기에 이렇게 생각하는 당신의 생각을 100% 존중한다. 그럼 나는 그때 어떤 생각으로 어떻게 죄송한 마음을 떨칠 수 있었을까? 지금과 같은 마음으로 살아간다면 미래의 내 삶은 어떻게 그려질까? 사실 전반적인 방향은 아이에게 미안함을 갖지 말라고 했던 것과 크게 다르지 않다. 이번에는 아이가 아닌 부모님의 입장이 되어 생각해보고, 부모님이라면 나의 현재 상황을 어떻게 바라볼지 생각하는 시간을 가져보자. 만약 내가 부모님이었다면 지금의 내가 어떻게 살아가길 원하고 어떤 부분들이 걱정될지 한번 상상해보는 것이다.

　현재 나의 딸이 사랑하는 사람을 만나 결혼을 했는데, 서로 뜻이 맞지 않아 이혼했고 아이를 혼자 키워야 하는 싱글맘이 되었다. 그런 딸이 너무 안타깝고, 안쓰럽고, 사실 조금 더 참았다면 괜찮지 않았을까 싶기도 하다. 그래도 어쩔 수 없지. 내 딸인걸. 나도 속상한데 본인은 오죽하겠나 싶다. 함께 살게 된 딸이 계속 나의 눈치를 보며 미안하다고 죄 지은 사람마냥 고개를 푹 숙이고 다닌다. 앞으로 어떻게 살 건지 궁금하지만 혹시 상처가 될까 봐 참고 있는데, 매일 밤마다 우는 것 같다. 모른 척하고는 있는데 걱정이 되는 건 부모로서 어쩔 수 없나 보다. 자식은 낳고 나면 죽을 때까지 신경 쓰인다는 게 무슨 말인지 이제야 알 것 같다.

　이렇게 살아가는 부모와 딸이 행복할까? 이게 웬걸? 딸이 이혼의 아픔을 이겨내고 앞으로 어떻게 살 것인지 고민하기 시작했다. 처음에는 나도 조금 더 참고 살면 좋지 않았을까 싶었는데 이혼 후 점점 펴지는 얼굴을 보니 나도 저절로 기뻐진다. 딸이 얼마나 고생이 많았을까? 역시 현명하게 잘 키운 것 같다. 한 번 실패를 했지만 인생 뭐 별거 있나? 행복하게 잘 살면 그만이거늘! 우리 딸, 제2의 인생 멋지게 한번 살아봐라. 이 엄마가 최대한 도울 터이니.

　이렇게 살아가는 부모와 딸이 행복할까? 사람 마음은 쉽지 않은 것 같아 보여도 사실 거기서 거기다. 아이에게도, 부모님에게도 미안하지만 어쩔 수 없는 현실이라면 약간의 뻔뻔함으로 미안함 대신 당당하게 살아가는 것이 방법일 수 있다. 어쩔 수 없는 상황이 너무 미안하지만 앞으로 꼭 성공해서 엄마의 희생에 보답하겠다는 마음가짐으로 다른 사람들보다 훨씬 빠르고 소중하게 하루하루를 살아가고 있다. 그러다 보니 내 얼굴은 점점 피고 행복하다는 말이 절로 나온다.

그런 나의 모습을 보고 엄마를 비롯한 주변의 많은 분들이 나의 이혼 소식을 기쁜 소식으로 여기게 되었다. 당신이 엄마라고 해도 전자보다는 후자가 낫지 않겠는가? 정상적인 부모라면 나와 같은 결정을 할 것이다. 결혼생활이 힘들어 견딜 수 없어서 이혼을 선택했다면 그 이혼이 헛된 결정이 아니었음을 눈으로 보여주는 것이 매번 죄송하다고만 하는 것보다 훨씬 나을 수 있다.

처음 엄마에게 아이를 맡기게 되었을 때 이도 저도 안 되는 현실에 답답하기만 했다. 그러다 이래 가지고 될 게 아니라는 생각에 잠시만 뻔뻔해지기로 결심했다. 내가 미안한 마음에 아이와 함께 있어준다고 한들 달라지는 것은 아무것도 없었다. 그리고 평일 동안 아이 옆에 엄마 대신 할머니만 있다고 해서 지금 당장 살 수 없는 것은 아니었다. 그렇게 나는 평일에 최대한 많은 일을 하기 위해 주말 엄마가 되기로 결심했다. 굳이 타지까지 가서 일을 해야 하나 싶겠지만 나의 교육기관이 서울이기도 했고, 충동적인 면이 크기 때문에 갑자기 아이가 보고 싶어져도 만사 제쳐두고 달려갈 수 없는 거리에 있는 것이 스스로에게도 좋을 것 같았다.

그렇게 1~2주에 한 번씩 부산에 내려가서 아이와 온전히 시간을 보내고 온다. 처음에는 아이도 많이 힘들어했고 나도 많이 힘들었는데 이제는 다행히 아이도 나도 적응을 했다. 덕분에 그 이후부터 무언가 한 가지씩 해결되고 진행되고 있는 것 같다. 물론 평생 이렇게 살 수는 없다. 최대한 빠르게 미래를 구축해 서울에서 아이와 함께 살 수 있는 기반을 만들어놓고 엄마에게 다시 자유를 드리며, 매달 생활비를 주는 딸이 되는 것이 나의 목표다. 그렇게 나는 미래를 바라보며 현재의 죄책감을 과감하게 잘라낼 수 있었다. 가끔 너무 보고 싶고 미안하기도 하지만 아이도 너무 잘 커주고 있고, 엄마도 나를 보면서 점점 성장해가고 있으며, 나도 계속해서 앞으로 나아가고 있다.

나의 진행 상황은 최대한 엄마와도 공유한다. 엄마가 손녀를 봐줘야 하는 기간이 얼마나 되는지, 어느 정도까지 가능할지, 언제까지 하면 되는지, 앞으로의 계획에는 어떤 것이 있는지, 매일 어떻게 살아가고 있는지 이해할 수 있을 정도로 엄마가 궁금해하는 만큼은 최대한 알려드리려고 한다.

"엄마, 우리 1년만 고생하자. 내가 꼭 성공해서 보답할게. 엄마가 있어서 너무 든든하고 고마워. 책을 쓰고 있는데 생각보다 어렵네. 그래도 잘 쓴다고 칭찬받았어. 좀 늦어지더라도 꼭 쓰긴 쓸 거야. 우리 같이 서울에서 살까? 엄마는 부산에서 산 날이 많으니까 힘들겠지? 엄마 집은 부산에 사줄게" 등등. 미안함과 죄송함이 아닌 항상 감사의 표현을 담는다.

얼마 전 엄마의 변화에 놀람을 감출 수 없었다. 내가 무에서 유를 창출하려고 하는 행동을 보며 엄마도 재미를 느끼게 된 것 같았다. 책은 아무나 쓰냐고, 부자는 아무나 되냐고, 성공은 아무나 하는 거냐고 매번 걱정의 눈초리로 바라보던 엄마가 이제는 내가 경제적으로 의지하는 것에 대한 죄송함에 흔들릴 때마다 "일단 해봐, 되는 대로 도와줄게"라고 말씀하시는 게 아닌가. 예전 같았으면 "거봐, 힘들다고 했잖아"라고 할 가능성이 컸다. 나의 긍정 에너지가 드디어 50년 만에 엄마의 부정 생각주머니 속에 들어갔다는 사실이 너무 기뻤다. 매번 드라마만 보던 엄마가 내가 두고 간 책도 읽고, 엄마 또한 내가 이혼하기 전보다 더 행복해 보이는 건 기분 탓일까?

내가 죄송한 마음을 떨친 덕분에 모든 부분이 좋아지고 있다. 당신도 이제 나처럼 행복할 차례다. 그리고 이렇게 다 큰 딸이 싱글맘이 되고 같이 살다 보니 솔직히 예전보다 지금 엄마와의 사이가 더 좋아진 것도 사실이다. 아이에게는 애정 표현이 자연스럽게 나오는데 엄마에게는 아무리 노력해도 열 번 중에 한 번 정도 입 밖으로 나오고 그마저도 뭐가 그리 어색하던지. 엄마도 처음에는 나의 표현에 어색해하시더니 너무 좋아하신다. 엄마도, 나도 전형적인 경상도 여자라서 그런지 표현을 하려면 노력이 필요하다.

엄마도 나에게 표현하는 것을 많이 어려워하시지만 그래도 이제는 안다. 우리 엄마는 지금 나에게 사랑한다 말하고 싶어 하신다는 사실을. 그 말을 눈으로 하고 계시다는 사실을. 그래서 나는 요즘 엄마 얼굴을 자세히 쳐다보지 않는다. 자세히 쳐다보기도 전에 이상하게 가슴이 저리다. 아직 너무나 밝게 빛나는 엄마의 모습이, 나보다 예쁜 엄마의 모습이 내 심장을 파고들기 때문에 애써 외면하게 된다. '이렇게 예쁘고 나를 사랑해주는 엄마에게 빨리 보답하고 말겠다'고 또다시 다짐하게 된다.

아마도 나는 내 딸을 내가 직접 키우는 날이 오거나, 엄마의 노고에 보답할 경제력을 갖추고 나서야 엄마의 눈을 아무렇지 않게 바라볼 수 있을 것 같다. 이제는 나의 마음속에 죄송함 대신 감사함이 자리 잡고 있다. 이제 쓸데없는 죄송함은 저 멀리 던져버리고 나중에 꼭 보답하겠다는 마음으로 열심히 살아보자. 부디, 감사하는 마음은 잊지 않길 바란다. 죄송함 대신 감사함으로 오늘도 힘차게 걸어가보자.

《당신은 아무 일 없던 사람보다 강합니다》, 힘들 때마다 힐링이 되는 김창옥 교수님의 책 제목인데 당신에게도 희망의 메시지가 되길 바란다. "아직도 반짝이고 너무 예쁜 우리 엄마, 사랑해줘서 고마워. 지켜봐줘서 고마워. 믿어줘서 고마워. 나는 엄마가 내 엄마라서 너무 감사해. 우리 이대로 영원히 행복하자. 내가 엄마의 사랑에 보답할 수 있게 부디 건강하게 오랫동안 내 옆에 있어줘. 사랑해요, 나의 엄마. 나의 마마, 내 하나뿐인 엄마."

나부터, 지금부터,
작은 일부터 하면 된다.

하루에 아이에게 사랑한다는 말을 몇 번 정도 하는가? 그럼 한 달에 부모님에게 사랑한다는 말은 몇 번 정도 하고 있는가? 아마 대부분의 사람들이 아이에게는 하루에도 수십 번씩 사랑한다고 하면서 부모님에게는 한 달에 한 번도 사랑한다고 말하지 못할 것이다. 이래서 사랑은 내리사랑이라고 하는가 보다.

나 또한 아이에게는 사랑한다고 말하는 게 전혀 어색하지 않았는데, 엄마에게는 막상 하려고 해도 입 밖으로 튀어나오지 않았다. 처음부터 내가 엄마에게도 애정 표현을 해야겠다고 생각한 건 아니었다. 어느 날 오랜만에 집에 가서 딸에게 뽀뽀를 하고 보고 싶었다고 말을 하는데 그런 나를 바라보는 엄마의 눈빛에서 묘한 말소리가 들렸다. "나도 너 많이 기다렸는데 나도 반겨줘. 나한테도 표현해줘." 내가 느낀 것이 사실이 아닐 수도 있지만 그렇게 느껴졌다.

그 이후로 나는 많은 생각을 했다. '왜 엄마한테는 표현하는 것이 이렇게 어색하지?' 다음에는 꼭 해야겠다 다짐하기 일쑤. 그럼에도 실패하는 날이 많았다. 그래도 나는 계속 노력했다. 열 번 생각하면 겨우 한 번 할 수 있었고 그마저도 매우 어색했다. 그럼에도 그렇게 표현하기 시작하면서부터 엄마의 짜증이 훨씬 줄어들었다는 것을 나는 알고 있다. 매번 내가 새벽에 집에 가도 안 자고 나를 기다리는 우리 엄마. 기다렸다고 말하는 것은 부끄러운 듯하다. 누가 봐도 피곤해 보이는데 그냥 잠이 안 와서 텔레비전을 보고 있었다고 한다. 그런 엄마도 이제 가끔 표현한다.

내가 먼저 표현하려고 노력하고 실천했더니 엄마도 점점 변해갔다. 엄마랑 같이 사는 것이 사실 꽤 오랜만이었다. 결혼 전에도 같은 부산에 살았지만 함께 살지는 않았다. 엄마와 나는 자주 부딪혔다. 아이를 낳기 전에는 간섭하고 잔소리하는 엄마를 피해서 혼자 사는 것이 좋았다. 엄마를 미워하는 감정도 없지 않았다. 인정할 수 없다는 생각이 커서 애써 부정했을 뿐, 엄마 때문에 내 인생이 망가졌다고 생각했던 것도 사실이다.

엄마가 이혼 후 힘들어하며 방황하던 시절에도 나는 엄마에게 불만이 있었다. 엄마를 걱정해주는 건 나뿐인데 항상 남동생이 엄마의 1순위가 되는 것이 너무 속상했다. 지금 생각해보면 참 유치하기 짝이 없는 생각이지만 그때의 나는 그랬다. 엄마도 엄마가 처음이라는 것을 나는 알지 못했다. 그렇게 엄마의 단점을 바라보며 살다 보니 아이를 낳더라도 엄마처럼은 절대 안 키울 거라고 다짐했고, 엄마처럼 살고 싶지 않다고 생각했다. 대단히 버릇없는 생각인 것 같았는데 나 말고도 이런 생각을 하는 분들이 꽤 많았다. 임신을 하고, 출산을 하고, 아이를 키우면서도 나는 엄마처럼 키우지 않기 위해 틈틈이 아이 키우는 방법에 대해서 공부했다.

지금 생각해보면 조금 웃긴 게, 엄마처럼 키우지 않겠다면서 많은 부분을 엄마에게 의지하고 있었다. 엄마도 나 혼자 아이를 키우는 게 꽤나 걱정되었던 것 같다. 누가 나에게 엄마의 노고에 가장 미안하고 감사했던 날이 언제였냐고 묻는다면 나는 한 치의 망설임도 없이 이날을 이야기할 것이다.

아이가 생후 100일 때쯤 폐구균 예방접종을 맞고 그날 밤부터 열이 오르기 시작했다. 처음으로 아픈 아이를 보면서 엄마들이 어떤 감정으로 아이를 바라보는지 알 수 있었던 날이기도 했다. 다행히 우리 아이는 건강하게 태어나줘서 그전까지 한 번도 아픈 적이 없었다. 나는 생후 50일쯤 되었을 때 이유 없는 고열이 지속되었다고 했다. 그때 소아과 선생님이 아이들은 보통 목이 부으면 열이 나는데 나는 목이 너무 멀쩡하다며 대학병원에 가서 검사를 받아보라고 권했다고 한다. 그렇게 방문한 대학병원에서 맨 마지막으로 검사를 한 것이 뇌수막염이었는데, 결국 나의 병명은 뇌수막염으로 판명되었다.

지금은 예방접종도 있고 치료 방법도 매우 다양해졌지만 그때 당시에 뇌수막염은 치료 방법이 없는 희귀병에 속했다. 거기다 나는 무세균성이 아닌 세균성이고, 워낙 작고 어린 몸이기 때문에 의사 선생님은 내가 살 확률이 거의 제로에 가깝다고 했다고 한다. 그냥 열만 나도 이렇게 속상한데 태어난 지 50일 만에 딸이 병으로 죽는다는 소식을 들은 엄마의 심정은 어땠을까? 엄마가 놀란 마음에 왜 이런 병에 걸렸는지 물었더니 의사 선생님이 "재수가 없어서 걸렸겠죠"라고 대답했다고 한다. 그 말을 들은 엄마는 아프다고 우는 아이를 달래며, 본인의 마음을 달래며 어떤 행동 때문에 세균에 옮았는지 밤새 생각했다고 한다. 모든 행동을 다 후회했다고.

이렇게 자세한 이야기는 사실 잘 모르고 있었는데 아이가 아팠던 그날 많은 이야기를 들을 수 있었다. 과거의 아픈 나를 바라보던 엄마의 마음에 공감이 가는 동시에 감정이 이입되어 눈물을 흘리지 않으려고 안간힘을 썼던 것 같다. 엄마는 그날도 아파서 새벽 내내 우는 딸을 달래는 나를 두고 편히 주무시지 못하고 옆에서 도와주셨다. 나는 괜찮으니, 엄마는 출근도 해야 하니 어서 자라고 해도 괜찮다며 주무시지 않았다. 그러면서 나보고 자라고 했는데 그것도 내키지 않았다. 그날 나는 신기한 경험을 했다. 내가 안고 있을 때는 자지러지게 울던 딸이 엄마가 달래기 시작하면 이상하게 뚝 그치는 것이 아닌가. 정말 신기한 경험이었다.

그때 처음으로 내가 뇌수막염 판정을 받던 날의 이야기를 엄마의 시점에서 들려주는데 그날 엄마가 어떤 감정이었을지, 어느 정도의 슬픔이었을지 가늠조차 되지 않아서 눈물이 나려는 걸 간신히 참았다. 예방접종 때문에 40도가 넘어가는 아이를 하루 꼬박 간호하고 바라보는 것도 힘든데, 한 달 동안 혼자서 나를 24시간 간호하고 내려놓으면 울어서 안은 상태로 주무셨다고 했다. 얼마나 힘들었을까? 그 아이가 나라는 걸 알지만 그 아이가 미워질 만큼 너무 죄송했다. 그때의 자세를 몸이 기억해서일까? 할머니한테만 가면 울음을 그치고 편히 자는 아이를 보고 그 말을 믿을 수밖에 없었고, 나는 눈물을 삼킬 수밖에 없었다.

그렇게 몇 시간이 지나 아이가 할머니 품에서 깊이 잠들고 나서야 혼자 방에 들어와 숨죽이며 눈물을 훔쳤다. 겨우 50일 넘긴 딸이 곧 죽을 확률이 높다는 것을 암시하는 "납골당을 준비하시는 게 좋을 것 같습니다"라는 의사 선생님의 말을 들은 엄마는 어떤 심정이었을까? 이 생각만 하면 그때의 그녀가 가여워 글을 쓰는 지금도 눈물이 나서 힘들다.

그렇게 한 달 동안 모유만 먹는 나와 병실에 오지도 않는 남편, 우리 아빠. 타지에 살아서 오지 않는 친정엄마. 그 덕에 병실에 갇혀 혼자 나를 간호하며 조금이라도 움직이면 우는 아이 때문에 24시간 화장실도 편히 못 가고, 근 한 달을 견뎠다는 우리 엄마. 나는 하루도 힘들어서 헉헉거렸는데, 감히 그녀의 희생을 나와 비교할 수 있을까.

그리고 보면 나는 어릴 때 엄마의 사랑을 참 많이 받고 자랐다. 그걸 어느 순간 잊고 있었다. 왜 사랑받지 못했다고 생각했을까? 이런 감정을 느꼈음에도 불구하고 왜 나는 엄마에게 사랑한다고, 감사하다고 표현하는 것이 어렵게 느껴지는 걸까? 딸한테 사랑한다, 고맙다고 말하는 것은 습관이 돼서 아무렇지 않은데 엄마에게는 해야겠다고 마음을 먹어도 막상 하려면 힘들기만 하다. 이래서 내리사랑이라고 하는 거구나, 또다시 느끼게 된다.

그렇게 열 번 시도할 생각을 하고 나서야 겨우 입 밖으로 나온 말, "엄마, 오랜만이야. 잘 있었지?" 이게 다였다. 감사하다, 사랑한다 말은 하지도 못했다. 이게 뭐가 그리 어색한 걸까? 근데 엄마는 꽤 놀라셨다. 이마저도 하길 잘했다 싶었다. 나의 인사에 너무나 기뻐하며 해맑게 웃는 한 소녀를 보게 되었기 때문이다. 그리고 또 달라진 것을 발견했다. 그저 "다녀올게요"라고 했을 뿐인데 그 이후에도 내가 전화할 때마다 엄마는 그때의 감정 그대로 매번 기분이 좋아 보였다. 이렇게 작은 것에도 감동한다는 사실을 뻔히 알면서도 못난 나는 아직도 표현을 잘 못한다. 그래도 조금씩 더 깊게 자주 표현하려고 다짐하고 노력한다.

딸이랑 영상통화를 하면서 옆에서 딸을 보여주고 있는 엄마에게도 말을 걸고, 딸에게 다녀온다고 할 때 엄마에게도 갔다 온다고 하고, 딸을 안아주며 엄마도 안아준다. 아직 사랑한단 말은 너무 어렵지만 마음속으로는 수십 번, 수백 번 외치고 있다. 그러다 보면 언젠가 할 수 있는 날이 오지 않을까? 나부터 표현하고, 지금부터 실천하고, 작은 일부터 시도해보자.

세상은 항상 우리에게 정답을 알려준다. 이렇게 단순한 원리대로 원래 돌아가고 있었는데 우리가 외면하고 있었을 뿐이라는 생각이 들 만큼 지나고 보니 너무 당연하고 단순한 것이 정답인 경우가 많았다. 사소한 말 한마디, 사소한 습관 하나가 나와 상대방도 바꾸고, 그러다 보면 어느새 세상도 바뀌지 않을까?

'5초의 법칙'을 발견하고 이를 삶에 적용해 인생이 바뀌었다는 멜 로빈스라는 사람이 있다. 그는 우연히 텔레비전에서 본 로켓 발사 장면에 착안하여 5, 4, 3, 2, 1을 거꾸로 세는 것으로 스스로를 일으켜 세울 용기를 얻었고, 5초의 법칙을 이용해 마침내 아침을 지배하고 인생을 변화시키는 힘을 발견했다. 그처럼 우리도 바뀌고자 마음먹는다면 바로 바뀔 수 있다.

성공한 사람들의 공통된 습관은 '모든 것에 감사한 마음을 가지고 표현한다'는 것이다. 당신은 당신의 소중한 사람에게 얼마나 감사함을 표현하고 있는가? 이미 잘하고 있다 해도 지금 당장 책을 덮고 부모님이나 주변 사람들에게 감사함을 전해보자. "엄마, 사랑해요. 언젠가 꼭 말로 전할게요."

같은 실수를
반복하지 않기 위한 방법.

당신이 이혼을 한 지 얼마나 되었는지는 모르겠지만, 다시 남자와 사랑에 빠질 수 있다고 생각해본 적 있는가? 재혼을 고민해보았다거나, 지금 재혼을 전제로 교제 중이거나, 연애를 하고 싶거나 연애를 하고 있을 수도 있다. 이 중에 어떤 선택을 하더라도 사실 예전보다 어려움을 겪게 될 것이다. 그리고 이혼으로 자존감이 낮아진 탓에 전남편과 별반 다르지 않은, 오히려 더 별로인 남자와 사랑에 빠질 확률도 꽤나 높다는 것을 알고 있을까?

여러 가지 이유로 안타깝게도 같은 실수를 반복하기 쉽다. 아니라고 부정하고 싶겠지만 한 번 결혼에 실패한 사람은 두 번째 결혼에도 실패할 확률이 높다. 나 또한 이혼과 동시에 결혼을 할 수 있는 기회, 재혼을 할 수 있는 기회가 분명히 있었고 지금의 내가 되기 전이다 보니 혹하는 마음이 생기기도 했다. 하지만 다행히 위기를 잘 넘겼다.

그 이후 싱글맘이 되고 나서 급하게 재혼을 하고, 또다시 실패를 하는 분들을 어렵지 않게 만날 수 있었다. 나의 이런 생각을 이야기하면 눈이 동그래지며 공감하는 사람들도 많았고, 지인들의 재혼 실패 목격담도 쏟아졌다. 두 번 결혼했다가 실패하는 것도 놀라운데 세 번 이혼하는 경우도 심심치 않게 찾아볼 수 있었고, 그 가운데 임신은 왜 또 그리 잘되는지 배다른 형제들을 줄줄이 낳은 경우도 적지 않았다. 물론 본인에게도 매우 안타까운 일이 아닐 수 없지만 형제들의 아빠가 모두 다르다는 사실을 알고 아빠가 세 명이나 있다가 없어지는 모습을 지켜봐야 하는 첫째는 도대체 무슨 죄란 말인가?

내가 이혼을 예상 못 했듯 나에게도 절대 이런 일이 발생하지 않으리라는 확신은 없지만, 나는 이러한 현실을 눈으로 보고 들은 결과 남들보다 위험률이 조금은 낮을 것이라고 생각한다. 근데 이러한 현상이 왜 일어나는 것일까? 실제로 무언가를 잘 잃어버리는 사람이 또 잃어버릴 확률이 크듯이, 자주 넘어지는 사람이 또 넘어질 확률이 크듯이, 결혼에 실패해본 사람이 또 실패하기 쉬운 것이다. 그리고 사랑을 해본 사람이 사랑을 해본 적 없는 사람보다 사랑에 빠지기가 쉽고, 결혼을 해본 사람이 결혼을 해본 적 없는 사람보다 결혼을 결심하기가 쉽지 않을까. 솔직히 나도 싱글맘이 되기 전에는 싱글맘에 대해 잘 알지 못했고, 주변에서 잘 보이지도 않았다. 지금도 내 친구들 중에 결혼 안 한 친구가 더 많으니 너무 당연한 이야기일지도 모른다. 그랬던 내가 지금은 나의 눈길이 가는 곳마다 싱글맘들이 있는 것 같다.

혹시 자동차를 구매해본 적 있는가? 나는 아이를 낳고 레이라는 기아차를 구매했다. 주변에서 잘 타지 않는 자동차라고 생각했다. 주위에 자주 보이지 않기 때문이다. 가끔 보이는 레이는 민트색이 전부였던 것 같은데, 내가 구매한 흰색 레이는 단 한 번도 본 적이 없었다. 자동차 딜러가 요즘 레이가 참 잘 나간다고 했는데 그냥 하는 말이라고 생각했다. 근데 이게 웬걸? 내가 흰색 레이를 사고 나니까 지나가는 자동차마다 레이고, 흰색인 경우도 꽤 많았다. 이게 무슨 일이래? 다들 이런 경험 한두 번은 있지 않은가? 의식하지 않으면 잘 안 보이다가 의식하는 순간부터 잘 보이는 현상. 다들 한 번씩은 경험해본 적 있을 것이다. 이런 현상 때문인지, 끌어당김의 법칙 때문인지 내가 이혼을 하고 나서 보니 내 주변에 싱글맘들이 꽤나 많았다. 그제야 그들이 눈에 들어오기 시작했던 걸까?

이혼 후 활발한 사회활동으로 엄청나게 많은 사람들을 만나게 돼서 그랬던 걸까? 아무튼 직접 만나게 된 사람도 많고, 내가 싱글맘이라고 커밍아웃한 덕분인지 사람들이 자신들 주변의 싱글맘과 나를 만나게 해주기도 했다. 그렇게 한 분, 두 분 이야기를 전해 들어보니 한 번 실패한 결혼, 뭐가 그렇게 좋다고 다시 했다가 또 실패하는 분이 굉장히 많았다. 대부분의 싱글맘들이 다시 결혼할 기회를 금방 맞이하곤 했고, 나 또한 어렵지 않게 기회가 찾아왔다.

결혼하자고 다가오는 남자들은 총각인 경우가 많았다. 나는 누구를 만나든 싱글맘이라는 사실을 숨긴 적이 없었는데, 솔직히 그렇게 많은 총각들이 싱글맘인 나를 좋아할 줄은 생각조차 못했다. 그들의 배경도 나쁘지 않은 경우가 많았다. 능력도 있고 괜찮은 양반들이 왜 싱글맘인 나와 결혼을 하겠다고 더 난리인지 모르겠는데, 재혼 생각도 없는 내게 그들은 연애가 아닌 결혼하자는 말로 다가오기 일쑤였다. 나는 그렇게 빨리 재혼할 생각이 없었기에 매번 거절해야 하는 난처한 상황이 자주 반복되었다.

사실 맨 처음 다가왔던 남자와 재혼을 고민해본 적은 있었지만(진짜 그냥 상상만) 이제 자유로운 몸이 되었는데 다시 묶인다고 생각하니 상상만으로도 너무 끔찍했다. 많은 고민 후 결혼은 나랑 잘 맞지 않는다는 정확한 판단하에 나는 거절을 했고, 우리는 헤어졌다. 아마 그때 재혼을 결정했다면 90% 이상의 확률로 또 헤어졌을 것이라고 생각한다. 또다시 이혼하게 될 확률이 높다고 말하는 이유는 다른 누구 때문이 아닌 그저 내가 아직 다시 결혼할 준비가 되어 있지 않다고 생각하기 때문이다.

당신도 아직 재혼을 하기에는 여러 가지로 준비가 되어 있지 않을 확률이 매우 크다. 그런데 많은 분들이 '내가 싱글맘인데도 괜찮다고 결혼을 하자고 했다'는 단 하나의 이유만으로 재혼을 결정하곤 한다. 나는 이해가 되지 않았지만 그들을 이해하고 싶었고, 그들을 막고 싶었다. 그 결과 그들이 사랑에 쉽게 빠질 수밖에 없는 진짜 이유를 알게 되었다.

싱글맘이 쉽게 사랑에 빠지고 쉽게 재혼을 결정하는 이유

싱글맘이 쉽게 사랑에 빠지는 이유, 쉽게 재혼을 결정하는 이유, 당신은 뭐라고 생각하는가? 나는 그 이유는 단 하나, '사랑이 하고 싶어서'라는 결론을 내렸다. 싱글맘들은 일단 어찌 되었든 결혼이라는 제도 속에서 한 남자만을 바라보며 사랑하며 살아오던 유부녀들이다. 그런 여자들이 결혼이라는 제도에서 해방되기 전까지 어떤 생활을 보냈을까?

'남편이 나를 너무 사랑해주었지만 나는 그냥 그 남자가 싫어서 이혼을 결정했어!'라는 사람이 과연 몇 명이나 있을까? 보통은 '사랑해서 결혼했는데 결혼이라는 것을 하고 나니 상대방이 너무 달라졌고, 지금은 나를 사랑하지 않는 것 같아. 나 너무 외로워. 본인의 아이를 낳아준 남자도 나를 사랑하지 않는데 과연 나는 이렇게 망가져버린 몸과 마음으로 다른 남자에게 다시 사랑받을 수 있을까?' 이 같은 고민을 한 분들이 확연히 많았을 것이라고 생각한다. 이혼을 생각하고 있다는 것은 남편에게 사랑을 못 받은 지 오래되었다는 뜻이기도 하다. 아무리 성격이 맞지 않더라도 사랑받고 있다는 느낌이 들었다면 아마 이혼이 아닌 다른 길을 선택했을 것이다.

물론 그렇지 않은 경우도 있겠지만 보통은 사랑받지 못해서 외로움을 느끼고, 짜증이 나고, 예민해지고, 이런 순서로 이혼을 결심하게 될 것이다. 앞서 말했다시피 '여자는 사랑만 먹고도 살 수 있다'는 말이 괜히 나온 게 아닌 것 같다.

혹시 영화 〈겨울왕국〉 1편을 본 적 있는가? 당시 임신 중이었는데 그때는 싱글맘이 아니어서 눈여겨보지 못한 장면들이 있었다. 그 장면을 보고도 이렇게 연관 지을 감정 교감이 없었다고 해야 할까? 아무튼 시간이 지나 어느덧 텔레비전을 볼 수 있는 나이가 된 딸에게 〈겨울왕국〉을 보여주고 싶다는 마음에 소장용 VOD를 구매했다. 딸과 함께 다시 보게 된 영화 속에서 나는 왜 싱글맘이 사랑에 쉽게 빠지는지에 대한 이유를 깨우치게 되었다.

〈겨울왕국〉 속에서 안나는 마법을 쓸 수 있는 언니의 비밀을 마을 사람들에게 들키지 않기 위해 궁전 문을 닫게 된다. 해결책을 찾기 위해 먼 길을 떠난 부모님이 예상치 못한 사고로 돌아가신 후 마법을 제어하지 못해 방에서만 지내는 언니 때문에 영문도 모른 채 넓고 넓은 궁전 안에서 몇 년 동안 혼자 놀기의 달인이 되어 외로이 지내던 안나는 얼마나 외로웠을까? 사람이 너무 그리웠던 안나. 여왕 취임식이 있던 날, 몇 년 만에 처음 궁전의 문이 열린 날. 그날 안나가 아침에 일어나자마자 혼자 집에서 어떻게 놀았는지 보여주는 장면을 보면 아주 마음이 찡해진다.

꿀잠을 자던 그녀는 신이 나서 한 번에 벌떡 일어나 궁전 곳곳을 뛰어다닌다. 들뜬 마음으로 오랜만에 궁전 밖으로 나가게 된 안나. 우연히 다른 나라의 막내 왕자와 마주치게 되고 본인이 이 나라의 공주임을 아무 거리낌 없이 밝힌다. 세상 물정 모르는 공주님을 보여주는 것일까? 어쨌든 사랑에, 사람에 목말랐던 안나는 처음 본 왕자와 딱 한 번 우연히 만나 결혼을 약속하게 된다. 그 사실을 엘사에게 전하자 결혼을 반대했는데 그런 와중에 엘사의 비밀이 들통 나게 된다. 닫힌 궁전 속에서 사람이 미치도록 그리웠던 안나가 딱 한 번! 우연히! 마주친 왕자와 결혼을 결심하는 장면을 보고 싱글맘이 쉽게 사랑에 빠지는 이유가 딱 여왕 취임식 때의 안나와 같을 것 같다는 생각을 했다.

결혼이라는 제도에 갇혀 사랑하지도 않는 남자와 몇 개월에서 몇 년을 살다가 드디어 세상 밖으로 나왔다. 그렇게 자유를 만끽하며 본인이 애정에 목말라 있다는 사실을 어렴풋이 느끼고 있는 분들도 많다. 하지만 '싱글맘인 나를 좋아해줄 사람을 만나기 쉽지 않을 것이다!'라는 생각이 더 크기 때문에 그런 욕구를 감추고 있을 뿐이다. 근데 웬걸? 너무나 빠르게 내가 좋다는 남자가 나타났다. 세상에, 다른 남자의 아이를 키우고 있는 나도 결혼하고 싶을 만큼 좋다니? 내가 이 사람을 만나려고 이 고생을 했나 싶다. 거기다가 오랜만에 듣는 예쁘다는 소리. 너무 황홀하다. 전남편과 연애할 때, 신혼일 때까지만 들을 수 있었던 그리웠던 말. 객관적으로 봐도 왕자라니, 나쁘지 않은 사람 같다. 잠깐 대화를 나눠보니 꽤 괜찮은 사람이라는 생각이 든다. 외롭던 참이었는데 너무 잘되었다.

내가 이렇게 금방 사랑에 빠지는 사람이었나 싶지만 지금 내가 사랑에 빠지는 것은 죄가 아니지 않은가? 나도 모르게 그에게 빠르게 빠져들게 된다. 어쩔 수 없다. 사랑이 고팠기 때문에 이성적인 판단보다 감정에 휩쓸리기 쉬워지는 것이다. 그러면서 나의 실패했던 과거, 나의 실수를 부정하기 너무 좋은 상황이 된다. '맞아, 나는 원래 사랑받아 마땅한 사람인데, 이런 나도 좋다고 하는 사람이 있는데, 남자를 잘못 만나서 그런 거야. 나는 아무 잘못 없어.' 생각만 해도 편해진다. 사랑을 해본 사람이 사랑을 해보지 않은 사람보다 사랑에 쉽게 빠지는데, 거기다 사랑에 목말라 있었다면 더욱더 금방 사랑에 빠지기 쉽다. 그리고 상대방에 대한 이성적인 판단을 할 수 있을 것이라고 생각하지만 사실은 거의 할 수 없는 상황이다.

사기꾼에게 사기를 당하는 사람이 멍청해서 그런 것이 아니고 자기 안에 있는 결핍을 상대방이 잘 이용했기 때문에 사기를 당한다는 것을 아는가? 부자가 되고 싶어서 미치겠다는 사람에게는 어떤 사기를 치면 성공률이 높을까? 바로 부자가 될 수 있는 좋은 투자처가 있다며 사기를 치면 다른 것보다 성공률이 높을 것이다. 그럼 지금 당장 3천만 원

정도의 급전이 필요한 사람에게는 어떤 사기를 치면 성공률이 높을까? 바로 저금리 대출을 무담보로 해주겠다고 사기를 치면 다른 것보다 성공률이 높을 것이다.

실제로 나도 싱글맘이 되고 나서 급전이 필요하던 찰나에 저금리 대출을 해주겠다며 본인이 알려주는 카드사 계좌번호로 먼저 카드론을 갚으라는 보이스피싱을 당할 뻔한 경험이 있다. 이렇게 어딘가에 결핍이 있는 사람일수록 그 결핍을 해결해준다는 말에 아주 혹하기 쉽다. 그리고 이런 일은 아쉽게도 이 세상에서 아예 뿌리 뽑히기 힘들다고 본다. 나를 사랑하는 사람을 무조건 이상한 사람으로 단정 짓는다고 기분 나쁘게 생각할 수도 있을 것 같다. 물론 사기꾼이 아닐 수도 있다. 하지만 전남편과 별반 다르지 않은 남자일 확률이 매우 높다. 별반 다르지 않으면 그나마 다행이다. 오히려 더 별로인 남자일 확률이 훨씬 높다.

그만큼 본인이 옳고 그름을 정확히 판단할 수 있는 시기가 아니라는 사실을 인지하고 있는 것만으로도 조금의 예방책이 될 것이다. 당신이 싱글맘이라도 당신을 좋아할 남자는 그 남자 아니라도 이 세상에 널리고 널렸다. 당신만 정신이 올바르다면 결코 지금이 아니면 절대 오지 않는 기회가 아니다. 이런 나라도 좋다고 결혼하자고 한다는 단 하나의 이유만으로 쉽게 사랑에 빠지는 것은 꽤나 위험한 도전이라고 본다. 이미 경험해보지 않았는가? 아무리 기간이 중요하지 않더라도 사랑만으로는 우리가 다른 사람과 함께 살아가기는 매우 어렵다는 것도 알지 않는가. 절대 사랑하지 말라는 것이 아니다.

남들보다 빠르게 사랑에 빠지는 사람들도 분명 존재한다. 하지만 그렇다고 해도 오래도록 천천히 지켜볼 필요성이 있다. 〈겨울왕국〉에서도 안나와 결혼을 약속한 왕자는 사실 안나를 사랑하는 것이 아니라 엘사와 결혼하기는 힘들 것 같고, 사랑에 눈먼 당신과 결혼해서 본인이 그 나라의 왕이 되는 것이 쉬워 보였다고 고백한다. 매번 형들에게 치여 살던 그는 형들을 제치고 본인의 나라에서 왕이 되는 것은 힘들 것이라는 판단을 내렸고, 엘사의 자리를 빼앗을 목적으로 다가왔다고 인정한다.

나는 아무것도 없는데? 빼앗길 것도 없는데 상관없다고? 당신과 당신의 아이가 재산이다. 이혼은 인생에서 한 번이면 족하지 않은가? 당신과 당신의 아이가 더는 상처받는 일이 없었으면 좋겠다. 이미 상처받은 마음에 더 깊은 상처가 생길까 봐 그것이 걱정될 뿐이다.

다시 결혼을 결심했을 때
고려해야 할 것들

'재혼은 초혼보다 신중해야 한다.' 당신의 생각은? 아마 한 번도 이런 생각을 해보지 않았다는 사람은 있을지언정, 그건 아닌 것 같다고 말하는 사람은 없을 것이다. 우리는 혼자가 아닌 엄마이기 때문이다. 그리고 나에게 피해를 끼치는 남자는 아이를 위해서도 최대한 피해야 한다. 아이에게 우리는 이 세상 전부이기 때문에 아이가 혼자서 살아갈 수 있는 나이가 될 때까지는 부모로서 건강하고 안전하게 살아갈 의무가 있다.

뉴스에서만 보던 데이트 폭력 같은 사건이 요즘은 주변에서도 일어나는 걸 보면 예전에 비해 정신이상자가 확실히 많아졌다. 이런 사람은 피할 수 있을 때 최대한 피해야 하지 않겠는가? 그런 정신이상자와 연애만 한다고 해도 끔찍한데 아이와 함께 살아가야 한다면? 상상도 하기 싫다.

주변의 싱글맘 중에 아이 때문에 빨리 재혼하고 싶어 하는 엄마들이 있다. 정말이지 그것은 매우 위험한 생각이라는 것을 그녀는 알까? 실제로 두 번, 세 번 이혼한 여자들이 재혼을 할 때의 마음가짐과 매우 흡사하다. 안나와 같은 상황이 나에게는 절대 오지 않을 것이라는 생각은 부디 거두기 바란다. 당신이 결핍되어 있을수록, 간절할수록 그렇지 않은 사람이 다가오기 쉽다. 그 사람이 아이 아빠보다 더 형편없는 사람일 확률이 훨씬 높다는 사실도 부디 머리와 마음에 새겨두길 바란다.

사랑하는 우리 아이와 함께 살아야 하는 새아빠의 존재는 아무것도 하지 않아도 없는 것보다는 있는 게 낫다가 아니라, 아무것도 하지 않을 거라면 있는 것보다 없는 것이 낫는 사실을 인지하자. 재혼을 하고 싶은 남자와 함께하는 중인가? 그렇다면 결혼을 했을 때 좋은 점보다 힘든 점이 훨씬 많다는 사실을 알고도, 실패를 해보았으면서도 또다시 결혼을 결심한 진정한 이유가 무엇인지 진지하게 생각해보고 점검해보아야 한다.

재혼을 결심한 이유가 아이 때문이라면 당장 재혼 생각은 마음속 깊이 넣어두길 바란다. 그러면 어떤 마음가짐으로 재혼을 결심해야 실패할 확률을 줄일 수 있을까? 정말 많은 고민을 해보았다. 결국 어떤 결정을 하더라도 주체는 나여야 한다는 생각이 내 머리를 스쳐지나갔다. 재혼도 마찬가지로 내가 그 사람과 평생 함께하고 싶다는 마음이 1순위여야 한다. 그렇다고 사랑한다는 이유만으로 덜컥 결심을 하라는 것은 절대 아니다. 다시 한 번 말하지만 재혼은 초혼보다 신중해야 한다. 한 번 실패했다면 두 번 실패하기 쉽다.

연애는 마음껏 하되, 재혼만큼은 항상 신중하게 생각해야 한다. 나에게 끊임없이 질문을 던져보자. '내가 만약 이 사람과 결혼하면 행복할까? 오랫동안 헤어지지 않고 잘 살 수 있을까? 이 사람의 단점을 내가 모두 감안하고 이 사람만 사랑할 수 있을까?' 등등 우리는 고려해봐야 될 상황이 꽤나 많다. 아무리 많아도 중요한 부분은 빼먹지 않고 꼭 생각하고 결정했으면 한다.

내가 만약 이런 깨달음도 없이 이혼 후 남들과 똑같이 살았다면 아마 나는 지금 또다시 힘든 결혼생활을 선택한 나를 원망하고 미워하며 살고 있을지도 모른다. 다행히 '재혼은 초혼보다 신중해야 한다'는 생각이 뚜렷한 덕분에 재혼을 선택하지 않았다. 아무리 생각해도 나의 선택은 아주 현명했다. 나는 아직 누군가와 온전히 사랑을 나눌 준비가 되어 있지 않다. 그런 내가 다른 사람과 산다면 결과는 안 봐도 뻔할 수밖에. 근데 솔직히 이혼을 하고도 진정 다시 결혼하고 싶은 생각이 드는가? 사람마다 생각이 다르고, 생각보다 빨리 좋은 사람을 만나 결혼을 하고 싶은 생각이 들었다면 뭐 굳이 말리지 않겠다. 그저 이번만은 행복하고 후회 없는 결혼이 되기를 바랄 뿐이다.

이혼을 두 번 이상 한 사람은 우리와 뭔가 다를 것이라고 생각하는 사람이 많을 것이다. 당신도 그렇게 생각하고 있다면 〈김수미의 밥은 먹고 다니냐?〉라는 프로그램에 출연하여 세 번의 이혼 경험이 있다고 밝힌 〈뮤지컬〉이라는 곡의 가수 임상아 편을 시청해보길 바란다. 우리도 충분히 할 수 있을 법한 단순한 생각으로 결혼, 재혼과 이혼을 반복했다는 것을 알게 될 것이다. 임상아 씨도 그저 평범한 사람일 뿐이고, 그녀처럼 평범한 내가 그렇게 되지 않으리라는 법은 없다. 이혼할 것이라고 생각도 못 했던 것처럼 두 번, 세 번 이혼하는 일이 일어나지 않으리라는 보장은 어디에도 없다. 그만큼 주변에 흔히 있는 이야기다. 나에게 행복한 결혼생활로 내 생각이 틀릴 수도 있고, 잘 사는 경우도 있다는 것을 꼭 보여주길 바란다.

결혼이 아니라
연애만 하면 안 되나? ₒ.

'아, 저때가 좋았지! 좋을 때다! 연애할 때가 좋았는데…….' 당신은 드라마를 보면서 이런 생각을 한 적 없는가? 나는 진짜 여러 번 했다, 유부녀였던 시절에. 다시는 올 수 없는 연애할 때의 설렘을 그리워하기도 하고 추억하며 설레기도 했다. 연애할 때 그렇게 잘 맞던 우리는 왜 이혼을 하게 된 걸까?

많은 사람들이 상대방을 잘못 만나서 이혼을 했을 것이라고 생각하는 것 같다. 나도 그런 생각을 한 번도 하지 않았던 것은 아니지만 나름 현명하게 선택하지 않았는가? 별로 좋아하지도 않는데 결혼을 결심하는 바보는 많지 않을 것이라고 생각한다. 나도 연애 때는 분명히 좋았고 잘 맞았고, 잘 맞을 것이라고 생각했는데 결혼하기 전에는 전혀 몰랐던 부분들이 부딪히면서 많은 부부들의 이혼 사유인 '성격 차이'로 이혼을 하게 되었다.

"개구리 올챙이 적 생각 못 한다"는 말이 이럴 때 쓰는 말인가? 그렇게 결혼이 무서운 제도라는 것을 뼈저리게 느꼈으면서 왜 계속 잊는 것일까? 이혼 후 그 남자만 아니었다면 나는 이혼하지 않았을 것 같다는 생각으로 매일 증오하고 미워하던 내가 나의 내면의 상처와 대화하면 할수록 오히려 성숙하지 못했던 나를 사랑해줬던 전남편에게 고마운 마음을 갖게 되었다. 내가 힘든 만큼 그 사람도 나와 살면서 얼마나 힘들었을까 싶었다. 아마 나는 전남편이 아닌 다른 사람을 만났더라도 행복한 결혼생활을 이어나가기는 많이 힘들었을 것이다. 물론 결혼하기 전에 내가 이런 것을 깨달았다면 또 모르겠지만.

결혼 후 별로일 거라고 생각되는 사람과 연애를 하는 것은 그다지 어렵지 않다. 많은 것을 맞추지 않아도 된다. 그렇기 때문에 연애는 즐기되 결혼 생각은 천천히 하라. 앞에서도 말했지만 내가 바뀌지 않는다면 상대방은 크게 바뀌지 않는다. 과거에 만난 남자들의 특징을 떠올려보니 참으로 많이 닮아 있었다. 약간의 차이만 있을 뿐이라는 것을 나는 전혀 알지 못했다. 그래서 "남자는 다 똑같아!"라는 말을 하는 나에게 "네가 만난 남자들이 다 별로였던 거야!"라고 하는 사람들의 말에 공감할 수 없었다.

이혼 후 나는 그저 이전에 없던 나를 사랑하는 마음으로 나의 삶을 살아가고, 내면의 성장을 위해 노력하며 살았다. 타인이 아닌 나를 성장시키는 시간이 너무 재미있었다. 내가 나를 사랑하고 소중하게 생각했을 뿐인데 어느 순간 주위를 둘러보니 나에게 다가오는 사람들의 수

준이 한층 높아져 있었다. 내가 달라지면 자연스럽게 주변 사람들도 달라진다는 것을 알게 되었고, 좋은 남자를 만나기 위해서는 나부터 좋은 여자가 되어야 한다는 것을 깨닫게 되었다.

"사람이 어떻게 변해?" 어렸을 때부터 수백 번, 수천 번 들었던 말이어서인지 머릿속에 고정관념이 심어져버린 말이지만 이제 이 말을 받아들이지 않기로 했다. '사람이니까 어떻게든 변할 수 있는 거야!' 나조차도 아침에 일어날 때부터 '5분만 더 잘까? 아니야, 얼른 출근해야지. 점심시간에 칼국수 먹을까? 아니지, 밥 먹어야지' 등 정말 다양한 주제로 하루에도 수십 번씩 생각이 바뀐다. 이렇게 매일 변하는 게 당연한 것이 사람이기에 변하지 않는 것보다 변할 확률이 훨씬 높은 것이다.

"사랑이 어떻게 변하니?"라고 묻고 싶은가? 이 같은 질문에 나는 이렇게 대답할 것이다. "사람이 하는 사랑이니까 변하는 거야!"라고. 화가 나도, 기분이 나빠도 이것이 진리임을 받아들이자. 이렇게 인정하는 순간부터 사랑이 변하지 않게 노력하는 방법들이 생각날 것이다. 사람이 하는 사랑이기에 변하는 것이 당연하다. 그렇기 때문에 우리는 항상 가까운 사람이라고 함부로 대할 것이 아니라 가까운 사람이기에 남보다 더 소중하게 생각하며 자주 사랑을 표현해주어야만 하는 것이다. 나의 사랑이 변하지 않게, 상대방의 사랑이 변하지 않게 우리는 평생 노력해야 한다. 애석하게도 끔찍할 수도 있는 이러한 과정을 평생 해야 하는 것이 결혼이다.

한 번쯤은 몇 십 년의 결혼생활 동안 자신의 민낯을 남편에게 단 한 번도 보여주지 않았다는 아줌마의 이야기를 들어본 적이 있을 것이다. 남편이 잠들면 화장을 지우고, 남편이 깨기 전에 먼저 일어나서 화장부터 했다는 것이다. 예전에는 이런 아줌마를 이해할 수 없었다. 그런데 지금 생각해보니 참 현명한 분이라는 생각이 든다. 그만큼은 아니더라도 남편에게 아내가 아닌 여자로 보이도록 노력할 필요가 있다. 아내이기 전에 여자인 것처럼, 남편들도 남편이기 전에 남자임을 인정하라.

남편은 예쁜 여자에게 자연스럽게 끌리는 본능을 가지고 있는 평범한 남자다. 물론 약간의 운도 존재하겠지만, 부부 사이에 편한 듯 편하지 않은 관계를 적절하게 잘 유지하는 능력에 따라 부부 관계가 결정된다는 것을 알게 되었다. 만약 이런 과정을 한 사람과 평생 해야 하는 것이 힘들다면 방법이 있다. 결혼생활 중 그토록 바라던 연애만 하는 것! 이러한 본능 때문에라도 연애할 때 한없이 다정했던 남자가 결혼 후 변하는 것은 어쩌면 너무 당연하다. 사람이기 때문에 한결같기는 힘들다. 이렇게 힘든 것을 알지만, 그 사람과 평생 불편함이 있더라도 결혼하고 싶다면 그때 하라. 그게 어려울 것 같다면 지금은 적절한 때가 아니다.

'익숙함에 속아 소중함을 잊지 말자'는 말이 자주 거론된다는 것은 사람들이 익숙함에 속아 소중함을 자주 잊는다는 의미다. 실제로 싱글맘이 되고 난 뒤 비혼주의가 되신 엄마에게는 10년 넘게 만나는 분이 있다. 예전에는 이런 엄마가 이해되지 않았는데 이제는 아주 현명한 선택이었다고 생각한다.

　가끔 이런 상상을 해본다. 만약 엄마가 지금의 남자친구와 결혼을 했다면 이런 관계가 유지되었을까? 만난 지 10년이 넘었는데 아직도 엄마 없이는 못 산다, 사랑스럽다, 예쁘다고 말해주는 것은 연인 사이이기 때문에 가능한 게 아닐까 싶다. 평생 사랑하고 사랑받으면서 살아가기도 아까운 인생, 확률 높은 연애만 하는 것도 어쩌면 좋은 방법 아닐까?

재혼이 꼭 하고 싶다면 반드시 고민할 것。

　그래도 재혼을 하고 싶다면 하는 게 맞다. 진짜로 놓치기 싫을 만큼 좋은 사람이 분명히 있을 것이다. 그 사람이 나의 평생 동반자가 되어 준다면 그만큼 행복한 일이 또 어디 있을까? 우리는 이혼을 했지만 분명히 결혼생활 중 행복했던 기억들도 있다.

　겉으로도 안정된 가정을 원한다면 재혼도 방법이기는 하다. 그렇다면 조심해서 나쁠 것 없는 부분만 익혀서 다시 이혼하는 일은 없었으면 좋겠다. 일단 내 남편이 될 남자가 초혼이든 재혼이든 나와 같은 싱글파파이든 그 사람의 아이는 최소 2년 정도 결혼생활을 한 뒤에 가졌으면 좋겠다. 남자와 여자는 처음부터 너무나 다르게 태어났고, 그 남자와 나는 20년 이상을 본인만의 틀에서 살아왔다. 서로 생각하는 부분, 행동하는 부분이 많이 맞을 수도 있지만 다른 부분도 분명히 있다.

　사랑할 때, 연애할 때는 보이지 않던 상대방의 단점이 결혼 후에는 보일 수 있다. 다르기 때문에 피하는 것이 아니라 다르기 때문에 서로 맞추어나가야 하는 기간이 분명히 있다. 서로가 서로를 알아가기에 최소 2년은 필요하지 않을까? 아이를 낳게 되면 서로 피곤하고 예민해지기 때문에 이 사람을 알기 전 그 예민함 때문에 오해를 할 수 있는 상황이 되기 쉽다. 그래서 나는 전남편과 다른 사람들보다 쉽게 틀어졌다고 생각한다.

우리는 서로 다른 부분을 전혀 모른 채 아이를 가져서 처음부터 결혼 생활의 난이도가 너무 높았던 것이다. 사람은 모두 이기적이다. 이기적인 면을 줄이기 위해서는 내 마음의 그릇을 넓혀야 하는데 체력적으로 힘들면 마음의 그릇도 함께 줄어든다. 나에게 여유가 있어야 상대방에게도 여유가 있어지는 것이다.

일반적으로 남자와 여자가 맞추기도 힘든데 피가 섞이지 않은 아이도 함께 지내야 한다. 내 아이도 미울 때가 있는데 상대방이라고 그런 일이 없을 수는 없다. 그렇기 때문에 최소 2년 정도는 부디 서로가 서로를 이해하고 맞춰가는 시기로 정해 아이는 천천히 갖기를 바란다. 아빠가 다른 아이를 낳고 또 이혼하면 당신도 당신이지만 아이들은 어떻겠는가? 아이들은 죄가 없다.

본인은 본인의 아이가 미울 때가 없는가? 그 사람도 자기 아이가 아니라서 그런 것이 아니라 그저 미울 때도 있을 수 있다는 사실을 인지해야 한다. 전처의 아들을 키우는 것보다 그런 의심의 눈초리로 나를 평가하는 전남편의 눈빛과 행동이 더 힘들었다. 아들이 라면을 먹고 싶어 해서 끓여준 것뿐인데 내가 일부러 밥을 안 차려줬다고 생각해 짜증을 내기도 했다. 돌이켜 생각해보니 전남편이 나에게 아들 앞에서 나와 사이좋게 지내거나 딸에게 상냥하게 대하는 것이 미안한 감정이 든다고 한 적이 있는데 그게 무슨 말인지 이제야 알게 된 것이다. 믿기로 했으면 끝까지 믿어주어라. 그리고 전처의 아이와 우리 아이와 함께 네 식구가 된다면 더더욱 조심해야 한다.

서로가 서로를 믿어주지 않으면 본인의 아이에게만 신경을 쓴다며 싸우다가 헤어지는 경우가 많다. 평생 믿을 수 있다는 생각이 들 때 재혼을 선택하는 것이 맞다. 한 가지라도 마음에 걸리는 부분이 있다면 그 결혼은 하지 않는 것이 좋다.

요즘은 아빠가 다 다른 아이 세 명을 혼자 키우는 여성들도 생각보다 많다. 그분들도 본인이 그렇게 될 줄 알았겠는가. 솔직히 같은 싱글맘이지만, 너무 안타깝지만 그런 상황이 오기 전에 조심했으면 더 좋았겠다 싶은 생각이 든다. 본인은 괜찮을지 몰라도 아이들은 아닐 수 있지 않은가. 아이 앞에서 당당한 부모가 되도록 매일 노력하자. 이 세상 모든 아이들이 행복했으면 좋겠고, 이 세상 모든 엄마들도 행복했으면 좋겠다.

3장 ♡

재혼하기 전
나에게 꼭 필요한 과정

'재혼하기 전 나에게 꼭 필요한 과정? 그게 뭐지? 괜찮은 남자를 만나는 것 말고 뭐가 더 필요하다는 건데?' 이런 의문이 들 수도 있겠지만 재혼을 하기 전 반드시, 꼭 거쳐야 할 과정이 있다. 그건 바로 나를 사랑하는 시간, 즉 자존감을 높이는 시간이다. 실제로 나의 경우도 이혼하기 전 나를 한 번도 사랑해본 적이 없었던 것 같다. 내가 나를 사랑하지 않는데, 다른 사람에게 나를 사랑해달라고 한들 과연 얼마나 오래갈 수 있을까?

솔직히 말해 싱글맘이어서가 아니라 요즘 거의 대부분의 사람들이 자존감이 낮아져 있다고 해도 과언이 아니다. 그러다 보니 예전에는 육체적인 질병으로 사망하는 경우가 많았다면, 요즘은 정신적인 질병을 안고 살아가는 사람이 많아질 수밖에 없지 않나 싶다. 왜 우리는 남은 사랑하면서 나는 사랑하지 않는 걸까? 이 세상 모두가 나를 비판하더라도 유일하게 나에게 등을 돌리지 않을 사람은 부모님도, 친구도, 배우

자도, 자녀도 아닌 바로 나 자신이다. 그런 내가 나에게 등을 돌리고 있으면 다른 사람이 나를 귀하고 소중하게 봐줄 턱이 있나? 그렇다고 해도 이러한 나의 상황이 내 잘못은 아니다. 학교에서든 부모님한테서든 '나를 사랑하는 방법'을 배운 적이 없기 때문이지 당신이 잘못한 건 아니다. 하지만 이제부터는 방법을 배우고 실천해서 지금보다 자존감을 힘껏 끌어올려야 한다.

"그래요, 맞아요. 내가 나를 사랑하지 않는데 누가 나를 사랑하겠어요. 근데 그게 쉬운가요? 원래도 내가 미웠는데 날이 갈수록 늙어가는 내 모습이 혐오스럽기까지 해요. 어떻게 하면 내가 나를 사랑할 수 있을까요?" 실제로 내가 운영하고 있는 스토리채널에 '나부터 나를 사랑해야 한다'는 의견을 적은 내 글에 달린 댓글이다. 이 댓글을 보고 나는 가슴 한편이 아려왔다. 나의 진심이 상대방에게 전달되었듯이 이분의 진심 또한 내게 전달되어서일까? 혹시 당신도 이런 상태일까 봐 심히 두렵다. 그래도 낙심하기는 이르다. 나와 함께 지금부터 조금씩 당신을 사랑하는 방법을 알아갈 것이고, 실천하면 언제든지 변할 수 있기 때문이다.

그냥 마음가짐 하나 바꿨을 뿐인데 아빠의 가정폭력, 부모님의 이혼, 고등학교 자퇴, 낙태, 이혼, 싱글맘, 이 세상에 존재하는 불행을 하나하나 다 경험해본 나도 이렇게 책도 쓰고 누군가에게 희망을 주며 매일 행복하게 살아가고 있지 않은가? 나는 이분에게 이렇게 댓글을 달아드렸다.

"○○ 님, 본인을 평생 미워하는 동안 얼마나 많은 일들이 있으셨을지 감히 상상할 수 없습니다. 그런데 그거 아세요? 원래도 미웠고, 그래서 날이 갈수록 더 미워진 게 지금의 상황일 수도 있다는 것을요. 세상에 쉬운 일은 없어요. 하지만 남의 글을 보고 공감을 한다는 건 어쩌면 엄청난 희망이 있는 것이지요! 제가 한 가지 제안해드리고 싶어요. 본인을 사랑하게 되는 방법에 대해 글을 업로드해볼 테니 한번 시도해보시길 바랍니다. 계획에 없던 일이지만 도움이 될 이야기들이 무엇이 있을지 고민해서 답변 드리고 싶어지네요. 감사합니다. 사랑합니다."

사실 이 댓글을 몇 번이나 썼다 지웠다 반복했는지 모른다. 다행히 나의 노력은 나를 배반하지 않았다. 나의 글에 담긴 나의 진심이 통했다. "네, 바쁘실 텐데 저에게까지 관심을 가지고 좋은 말씀을 해주셔서 감사합니다. 절망에 빠졌을 때 희망 빛을 볼 수 있게 길을 열어주는 사람이 바로 나의 길잡이더라고요. 감사합니다. 복 많이 받으세요." 이날 이 댓글 하나로 얼마나 행복했는지 모른다. 느낌상 우리 엄마보다 나이가 조금 더 많을 것 같은 중년의 어머니와 나는 이렇게 서로의 대화를 통해 세상이 아직 따뜻하다는 것을 느낄 수 있었다.

비록 싱글맘은 아니지만 우리는 우리보다 많은 세월을 사신 어른들의 말씀을 가끔은 귀 기울여 들을 필요가 있다. 나의 구독자님 말씀을 듣고 당신도 깨달았으면 한다. 과거에 나를 사랑하지 않았고, 지금도 나를 사랑하지 않으면 미래에도 나를 사랑하지 않을 뿐만 아니라 미움이 커져서 혐오하게 될 수도 있다는 사실을.

당신의 과거가 스스로도 용납되지 않는가? 과거를 생각해보면 쥐구멍이라도 있었으면 좋겠다는 생각이 드는가? 그렇다고 달라지는 건 어떤 것들이 있는가? 과거에 내가 반듯하지 못했더라도 어쩌겠는가, 이미 지나간 일인 것을. 지금부터 반듯하게 살면 되지.

다행히 우리는 과거를 바꿀 수는 없어도 미래는 바꿀 수 있다. 그러기 위해서 우리는 과거의 나를 회상하고, 칭찬도 해주고, 반성도 하면서 친구를 용서하듯이 나를 용서해야 한다. 왜 그런 선택을 했는지 생각해보고 또다시 그런 실수를 하지 않기 위해서는 어떻게 해야 하는지 고민해봐야 한다.

'나는 왜 그렇게 빨리 결혼을 하고 싶어 했지? 왜 아이를 빨리 낳고 싶어 했지? 왜 그 남자를 사랑하게 되었을까?' 등등 나라고 생각하지 말고 남이라고 생각하며 나를 파악하고 이해하고 용서하는 시간을 가져야 한다. 나를 용서하라고? 내가 이런 과정을 거치면서 반성문이라는 것은 이럴 때 쓰는 것이구나 싶었다. 머릿속으로만 생각하고 결론을 내도 좋지만 종이에 연필로 쓴다면 나의 손과 연결되어 있는 시냅스가 움직이며 더 효과적인 시간이 될 수 있다. 어린 시절, 누군가 시켜서 남에게 잘못했던 일에 대해서만 잔뜩 사과하고 용서를 구했던 것처럼 나에게 잘못했던 일에 대해 사과하고 나에게 용서를 구하는 시간은 미래의 내 삶에 어떤 영향을 끼칠까?

실제로 대한민국 대표 스타강사 김미경 원장님도 유튜브 〈김미경 TV〉를 통해 자신이 성공할 수 있었던 방법으로 '반성 일기'를 소개했다. 50세가 넘은 지금도 강의를 끝내고, 하루를 끝내고 반성 일기를 쓰면서 자신을 이해하고 공감하고 사랑하는 시간을 가지신다고 한다.

이 외롭고 힘든 세상을 꿋꿋이 이겨내며 살아가고 있는 내가 기특하지 않은가? 남에게 인정받고 싶고 사랑받고 싶은가? 그렇다면 당신은 필수적으로 내가 나를 이 세상에서 가장 잘 알아야 하고, 이 세상에서 나를 가장 사랑하는 사람이 되어야 한다. "행복의 한쪽 문이 닫힐 때 다른 한쪽 문은 열린다. 하지만 우리는 그 닫힌 문만 오래 바라보느라 우리에게 열린 다른 문은 못 보곤 한다"라는 헬렌 켈러의 명언을 늘 마음에 새기길 바란다.

4장

내가 성장해야
아이도 크게 자란다

습관을 바꾸면
인생이 달라진다는 진리。

"당신은 책을 1년에 몇 권 정도 읽으시나요? 당신의 취미는 뭔가요? 당신의 취미를 즐기기 위해 일주일에 몇 시간 정도 사용하고 있나요?" 이런 나의 질문에 다들 머쓱해하면서 돌아오는 대답은 거의 같았다. "책을 읽어야 하는데 시간이 없어서 못 읽고 있어요." "취미? 잘 모르겠어요. 먹고살기도 바쁜데 무슨 취미예요."

나를 성장시키는 작은 습관에는 어떤 것들이 있을까? 내가 이렇게 물어보면 보통 많이 나오는 대답이 책을 읽는 것과 취미를 갖는 것이다. 책을 읽는 것이 좋다는 사실은 많은 사람들이 알고 있는데, 취미를 가지면 좋다는 사실도 많은 사람들이 알고 있는데 하나라도 실천하고 있는 사람은 극히 드물다.

하루하루 살아가기 바쁘기에 책을 읽을 시간이 없고, 먹고살기도 바쁘기에 취미를 갖는 것은 사치라고 생각한다. 나라고 뭐 별수 있었겠는가? 똑같았다. 읽으면 좋다는 베스트셀러나 추천도서는 잔뜩 사놓고 단

한 권도 완독하는 일이 없었고, 그러다 보니 읽고 싶은 책이 있어도 집에 있는 책도 못 읽어놓고 또 사냐며 스스로를 채찍질했다. 취미? 악기 연주나 노래 부르는 것을 꽤나 좋아했지만 지금 당장 할 수 없는 일이라고 생각했다. 그러다 문득 '나는 왜 책을 읽지 않는가'에 대해 고민해보게 되었다. 그렇게 나온 대답은 '재미가 없을 것 같아서, 왜 좋은지 몰라서, 시간이 없어서'였다. 사실 더 많은 이유가 있었는데 나중에 보니 그 말이 그 말이었다. 이렇게 '나는 왜 책을 읽지 않는가'에 대해 고민하고 그 이유와 직면하고 나니 놀라운 변화가 일어났다. 책을 매일 읽는 것이 당연한 하루 일과가 된 것이다.

어떻게 이런 결과가 생길 수 있었을까? 이유는 정말 단순했다. 내가 책을 읽지 않는 이유를 눈으로 확인하고 나서 그런 내가 책을 읽게 만들 수 있는 해결책을 찾기 시작했다. 그렇게 큰 어려움 없이 나는 책을 읽을 수밖에 없는 방법을 찾게 되었다.

내가 책을 읽지 않았던 첫 번째 이유는 재미가 없을 것 같아서. 방법은 아주 간단했다. 재미가 있을 것 같은 책을 찾아서 우선 읽기로 했다. 실제로 책장을 보니 누군가가 추천해줘서 구매한 재미없어 보이는 책이 대부분이었다. 나의 문제를 알아낸 나는 바로 중고서점으로 갔다. 그리고 어떠한 검색조차 하지 않았다. 그저 백화점에서 옷을 고르듯 제목과 디자인, 주제 등 지금 나에게 도움이 되든 안 되든 제일 읽고 싶다는 생각이 드는 책 딱 한 권을 구매했다.

이날만은 이미 내가 들어본 책제목은 제외 대상이었다. 나에게 도움이 되는 책이든 도움이 안 되는 책이든 1년에 한 권도 읽지 않던 사람이 한 권이라도 다 읽었다는 것은 절대 작은 일이 아니다. 이렇게 첫 번째 이유는 이제 책을 읽지 않는 이유가 되지 못했다.

내가 책을 읽지 않았던 두 번째 이유는 왜 좋은지 몰라서. 책을 읽으면 좋다는 소리는 많이 들어봤는데, 실제로 어디에 어떻게 얼마나 좋은지는 들어보지 못했던 것이다. 그날부터 책을 자주 읽는 사람들을 인터넷으로 찾아보기도 하고, 직접 찾아다녀보기도 했다.

사실 그 당시에는 나의 갈증을 말끔히 해소시켜줄 사람을 찾지 못했다. 대신 다른 것을 보고 깨달음을 얻을 수 있었다. 밑바닥부터 노력해 결국 성공의 경지까지 오른 사람 중에 책을 읽지 않는다는 사람은 단한 명도 없으며, 그들은 바쁜 와중에도 책을 항상 읽는다고 했다. 그리고 항상 책을 읽는 것이 성공하는 데 많은 도움이 되었다고 이야기했다. 어릴 적 나에게 책을 읽으면 좋다고 말하는 사람들은 정작 본인은 읽지 않으면서 나에게만 강요하는 경우가 많았다. 그래서 설득력이 없었나 보다.

책을 실제로 매일 보고 깨달음을 얻어 성공한 사람들이 이유 불문하고 일단 읽으라고 하니 이상하게 믿음이 갔다. 사실 아직도 어디에 어떻게 얼마나 좋은지 잘은 모르겠지만 그렇게 많은 사람들이 추천하는 데에는 이유가 있지 않을까 하는 마음에, 나도 저 사람들처럼 성공해서 다른 사람들에게 깨달음을 주는 사람이 되면 좋겠다는 단순한 생각에 책을 읽지 않았던 나의 두 번째 이유 또한 더 이상 통하지 않게 되었다.

책을 읽지 않았던 마지막 이유는 시간이 없어서. 시간이 없다는 이유가 가장 많지 않을까 싶다. 나도 그랬다. 그러다 문득 내가 진짜 시간이 없나 하고 의문이 들었다. 그 후 나의 시간을 확인하기 위해 내가 하루 동안 시간을 어디에 사용하는지 기록하기 시작했다. 나의 하루를 들여다보니 책을 읽을 수 있는 시간은 없는데 스마트폰 사용량은 엄청났다. 그렇게 모두가 휴대폰에 시선이 집중되어 있는 시간, 지하철을 이용하는 시간 동안 휴대폰 대신 책을 읽으면 되었다. 시간이 없는 것이 아니라 시간을 내지 않는 것이라는 게 무슨 말인지 실감되는 순간이었다.

아쉽게도 나는 버스에서 책을 읽으면 멀미를 하는 체질이라서 지하철에서만 읽을 수 있었기에 10~15분 정도 걸어서 지하철을 타고 이동하며 책을 읽기 시작했다. 처음에는 책을 가방에서 꺼내는 것조차 어색하기만 했다. 그런데 아마 지하철에서 주위를 한 번이라도 둘러본 적이 있다면 정말 쓸데없는 고민이었음을 알 수 있을 것이다. 다들 스마트폰만 바라보고 있을 뿐 나를 쳐다보는 사람은 드물다.

이제는 다른 사람과 같이 지하철로 이동할 때면 책을 읽고 싶어서 막 온몸이 간질간질할 정도다. 어떤가? 이렇게 자신의 문제점을 직시하고 해결점을 찾으려고 노력한다면 절대 어려운 일이 아니다. 그렇게 1년에 책 한 권 읽지 않던 내가 한 달에 한 권은 거뜬히 읽게 되었다. 처음에는 책 한 장을 넘기기까지 꽤나 많은 시간이 필요했는데 점점 빠르게 읽을 수 있는 능력이 생겼다. 그리고 책을 읽다 보니 왜 읽어야 하는지 알게 되었다. '책 속에 길이 있고 책 속에 답이 있다.' 이 말이 사실이었다. 정답을 이야기해주고 있었다.

직접 경험하지 못한 다양한 분야를 간접체험 할 수도 있고, 다른 사람들의 생각도 엿볼 수 있었다. 덕분에 자칫 실수하거나 실패하기 쉬운 부분을 미리 알고 굳이 겪지 않아도 되거나, 어떻게 해결하면 되는지 깨달음을 얻을 수 있었다. 책을 읽으면서 나를 반성하는 시간은 저절로 생기게 되었고, 내가 미처 깨닫지 못한 잘못을 알게 되기도 했다. 책을 읽을 때 나만의 요령도 생겼다. 책을 너무 소중하게 여기지 말고 밑줄도 긋고, 내 생각도 적어가면서 읽으니 머릿속에 더 많은 내용이 남아 있었다.

이렇게 나는 성장하기 위해 책 읽기를 실천하는 사람이 되었다. 그리고 취미도 갖게 되었다. 매일 성장하려고 애쓰는 나에게 하기 싫은 일만 잔뜩 시키는 것은 굉장히 큰 실수다. 그리고 그런 생활을 지속하면서 행복한 마음을 가지거나 활기찬 하루를 산다는 것은 거의 불가능에 가깝다. 취미는 지친 나를 위해 꼭 필요한 보상이다. 나 또한 '취미를 즐길 시간이 어디 있어! 그 시간에 일해야지!'라는 생각을 갖고 있었는데, 직접 해보니 오히려 다음 날 더 효과적으로 일할 수 있는 원동력이 되었다. '노래를 듣는 것, 노래를 부르는 것'도 취미고, '맛집을 찾아다니는 것'도 취미다. 맛집을 찾아다니는 것도 진심으로 좋아하지 않는다면 절대 쉬운 일이 아니다.

우선 좋아하는 것을 하면 된다. 나는 노래 부르는 것을 좋아하기 때문에 가끔 집에 가는 길에 시간이 나면 혼자 코인노래방에 들어가 천 원어치 노래를 부르곤 한다. 처음에는 어색했지만 지금은 오히려 혼자 가는 게 더 좋아졌고, 100점을 맞으면 한 곡 서비스로 주는 소소한 행운에 세상을 다 가진 듯 행복해하기도 한다. 그럼에도 매일 매 순간 줄어드는 것 같은 노래 실력이 아쉬워 영상으로 남기고 공유도 하면서 점점 노래하기를 즐기고 있다. 나중에는 버스킹도 하고 콘서트도 하는 것이 내 꿈 중 하나가 되었다. 상상만으로도 짜릿하다. 나만 즐거우면 그만이지 않은가.

노래를 부를 때만큼은 '내가 살아 있는 이유가 이거구나' 싶을 만큼 엄청난 도파민이 쏟아지는 것 같다. 직장도 다니고 아이까지 봐야 하니 시간이 없는 것이 핑계가 아닌 사실인 경우도 많다. 그런 경우 '잠자는 것' 또한 취미가 될 수 있다. 실제로 피로 누적인 상태에서 에너지가 넘치는 사람은 매우 드물다. 잠을 굉장히 좋아하는 사람들은 시간 날 때마다 잠자는 것이 자신에게 주는 보상이라고 여기면 된다. 미래도 중요하지만 현재도 중요하다는 사실을 잊으면 안 된다. 나를 성장시키는 작은 습관 기르기, 생각보다 간단하지 않은가?

내가 제일 사랑해야 하는 대상은 아이가 아니다。

당신이 아무리 자신을 사랑하는 시간을 가진다 해도 신이 아닌 이상 매일 매 순간 행복만을 느끼면서 살아가는 것은 불가능하다. 혼자만의 시간이 아무리 편하다 해도 나 같은 경우는 사람들과 함께 있는 시간도 즐기는 사람이기 때문에 가끔은 굉장히 외롭다고 느껴진다. 내가 하고 있는 일이, 지금 가고 있는 길이 과연 맞을까 고민도 되고, 내가 언제 나를 사랑했냐는 듯 한없이 우울할 때도 있다.

매일 행복을 추구하는 사람이라고 말하고 다니는 지금의 나도 실제로 항상 행복한 일만 생기는 것은 아니다. 그리고 지금은 엄청난 긍정에너지를 뿜으며 뭐든지 다 이겨낼 수 있을 것 같은 생각을 하고 있더라도 어떠한 계기로 인해 한없이 무너지는 날도, 모든 것을 포기하고싶을 만큼 힘든 일도 내가 살아 있는 한 어쩔 수 없이 나를 찾아올 것이라고 생각한다.

'내가 이런 기분을 느껴도 되나? 이런 내가 과연 싱글맘들의 롤모델

이 될 수 있을까? 도움이 될 수 있을까?' 여러 가지 두려움까지 나를 찾아오곤 했다. 그럴 때마다 '나는 왜 이런 힘든 길을 선택했을까? 남들처럼 평범하게 사는 것이 정말 맞는 걸지도 몰라. 나라고 뭐 다르겠어?' 하는 마음도 들었다. 분명 행복한데 왜 이런 기분이 느껴지는지 이해가 되지 않았다. 아니라고 부정했던 나의 욕구들. 누군가에게 칭찬받고 싶고, 누군가에게 인정받고 싶고, 누군가에게 사랑받고 싶은 욕구들이 점점 커졌다. 그런 내가 할 수 있는 것이라고는 이런 욕구를 억누르고 외면하는 방법뿐이었다. 시간이 해결해준다는 말처럼 이 또한 시간이 해결해줄 것이라고 생각했다. 안타깝게도 억누르고 외면할수록 욕구는 커지고 내가 제어할 수 없는 크기가 되어가는 것 같은 기분이 들 뿐이었다.

그렇게 나는 술과 폭식을 점점 더 자주 즐기고 아무 일도 하기 싫어졌다. 그렇다면 이 욕구는 어떻게 충족시켜주어야 할까? 현실이 마음에 들지 않으니 자도 자도 잠이 오는 경험을 하면서 아무것도 하지 않는 순간에도 계속해서 해결책을 생각해나갔다. 신기하게도 내가 이렇게 고민하고 바라서였을까? 내가 듣고 싶은 말을 해주는 사람도 생기고, 내가 들어야 되는 말을 해주는 사람도 생겼다. 나를 보면 그냥 행복해진다는 사람들, 나와 함께 있으면 그냥 웃게 된다는 이들을 만나면서 나의 에너지는 또 점점 살아나기 시작했다. 하지만 그것만으로는 부족했다.

어떻게 나의 갈증을 채워주지? 한참을 고민하다 보니 누군가 이렇게 물어보는 것 같은 기분이 들었다. '너 요즘 나한테 칭찬 안 해주더라. 나를 좋아하긴 하니?' 나는 과거를 회상했다. '내가 나에게 칭찬을 해준 게 언제였더라?' '너 요즘 〈싱글맘학교〉가 얼마나 좋은 곳인지 안 알려주더라. 정말 좋은 곳이긴 하니?' '내가 〈싱글맘학교〉가 얼마나 좋은 곳인지 셀프 확언을 해준 게 언제였더라?' '너 요즘 하루하루를 감사하게 생각하는 것 같지 않더라. 감사하긴 하니?' '감사 일기를 마지막으로 쓴 게 언제였더라?'

그렇다. 남들한테는 그렇게 하라고 추천을 하고 다니면서 정작 나는 알면서도 귀찮다고 안 하기 시작하니 다시 예전으로 돌아가려는 것이었다. 나에게 미안해지면서도 입가에 웃음이 지어졌다. '스물일곱 살이지만, 그래, 너의 내면 아이는 일곱 살임을 인정해. 내가 미안해. 이제 잊지 않고 해줄게.' 그리고 나는 또 한 가지의 사실을 알게 되었다. 다른 사람들과의 관계에서도 권태기가 있듯이 나와의 관계에서도 권태기가 존재한다는 사실을. 남자친구가 나한테 요즘 사랑한다는 말을 안 해주는 것 같으면 괜히 섭섭해지고 '과연 나를 사랑하기는 할까? 다른 여자가 생긴 건 아닐까?' 이런 생각이 자연스럽게 나를 지배하는 것처럼, 나에게도 계속해서 표현해주고 인정해주고 사랑해주지 않으면 스스로한테 섭섭해지고 나를 의심하게 되는 것을 알 수 있었다.

그날 이후 나는 나와 더 자주 대화하고 더 자주 표현하고 사랑해준다. 그랬더니 그전보다 한층 더 세상이 나를 중심으로 돌아가는 것 같다고 느껴질 만큼 생각하는 대로 세상이 돌아가기 시작했다. 이렇게 많은 부분이 변화하고 나니 변화 후의 내 모습만 본 사람들은 원래 이런 사람인 줄 알 정도다.

인스타그램을 통해 어떻게 하면 그렇게 행복하게 살 수 있는지 질문하는 싱글맘들에게 넘사벽이라고, 자기들은 나처럼 행복할 수 없다는 말도 들어봤다. 그 말을 처음 듣는 순간 눈물이 났다. '이제 내가 다른 사람에게 이 정도로 빛나는 사람이구나. 다른 사람들이 나를 닮고 싶어 할 정도로 성장했구나.' 그러면서도 그렇게 생각하는 싱글맘의 마음이 어떤지 너무나 잘 알다 보니 가슴이 아렸다.

정말 믿기지 않겠지만 이런 나도 여기서부터 시작했다. '나를 사랑하는 시간을 갖고 싶은데 나는 나를 사랑할 수 없어요. 나는 내가 싫어요. 어떻게 해야 하죠?' 하지만 그때도 나는 나 스스로 해답을 찾아나섰다. 그리고 답을 찾았다. 내가 나를 사랑하지 않는다는 것을 인정하는 것부터 시작했다. 나를 사랑하는 마음? 27년 동안 사랑하지 않으면서 살아왔는데 하루아침에 사랑한다는 것은 거의 불가능에 가까웠다. 하지만 절대 여기서 끝내면 안 된다. '내가 나를 사랑하지 않았구나. 나를 왜 사랑하지 않았지? 아니, 왜 사랑하지 못했지? 나는 나를 사랑하고 싶은데 무엇 때문에 사랑할 수 없지?'

처음에는 생각만 해도 손발이 오그라드는 것 같은 기분이 들 수 있다. 그래도 일단 해보라. 그렇게 사랑할 수 없었던 이유를 눈으로 직접 마주하라. 그리고 나에게 이야기해줘라. '네 잘못이 아니야. 너는 철이 없었고 충분히 그런 선택, 그런 실수를 할 수 있었어. 그래도 사과할게. 미안해. 다시는 안 그러도록 노력할게. 용서해줘.' 이건 소리 내 나에게 말해줘야 한다. 하다 보면 나도 모르게 또르르 눈물이 나기도 할 것이다. 그래서 해야 하는 것이다. 내 목소리가 내 귀를 통해 나에게 직접 들려오면 그 말의 효과는 상상 이상으로 커지는 것을 경험해봤다. 그렇게 자신을 사랑하지 않는 이유를 찾아내고 사과하고 용서하고 나면 당신의 삶은 정말 많은 것이 달라질 것이다.

예전에는 혼자서 아무것도 할 수 없었는데 이제는 혼자 밥도 먹고, 혼자 하는 것이 전혀 외롭지 않고 오히려 즐기게 되었다. 그렇게 혼자 있다가 문득 듣고 싶은 말이 있으면 내가 직접 해준다. "솔빈아, 오늘도 너무 잘했어." "솔빈아, 네가 최고야." "솔빈아, 사랑해." "솔빈아, 넌 너무 멋져." "솔빈아, 너 오늘 너무 예쁘다."

듣고 싶은 말, 하고 싶은 말 모두 그때그때 바로 해준다. 그리고 상대방에게 듣고 싶은 말이 있다면 상대방이라 생각하고 내가 직접 해준다. 이건 진짜 아무도 없을 때 해야 한다. 글로 적고 내 입으로 직접 소리 내서 들려주면 그 말이 얼마나 듣고 싶었는지 나도 모르게 펑펑 울게 되기 때문이다.

예를 들어 내가 엄마라고 생각하고 엄마가 나에게 해줬으면 좋겠다고 생각했던 말을 하는 것이다. "솔빈아, 너는 엄마한테 너무 자랑스러운 딸이야. 알지? 너무 기특해. 네가 엄마 딸이라서 엄마는 너무 행복해"라든지, 내 딸이 어느 정도 자라서 나에게 해줬으면 좋겠다고 생각하는 말을 내가 딸이라고 생각하면서 "엄마, 나는 우리 엄마가 이 세상에서 제일 멋지고 자랑스러운 엄마라고 생각해요. 엄마 딸로 태어나게 해줘서 고마워요"라든지. 특정한 인물을 정해놓고 직접 내 입으로 말하고 내 귀로 듣는 것. 나는 아직도 글로만 적었을 뿐인데도 눈시울을 붉힌다. 그렇게 펑펑 울고 나면 가슴속에 있는 응어리가 풀어지는 기분을 느낄 수 있다. 너무나 안타깝지만 이 세상에 나를 사랑하는 사람이 아무도 없다고 느껴지면 더더욱 나라도 나를 사랑해야 하지 않겠는가?

나를 사랑하지 않는 사람이 다른 사람에게 사랑을 받을 수 있을까? 물론 그럴 수도 있겠지만 그런 경우는 매우 드문 게 사실이다. 내가 나를 사랑하는 시간을 가지면서 사랑하는 마음이 커지면 커질수록 나를 소중히 생각하고 소중히 대할 수 있게 된다는 사실을 부디 기억하길 바란다. 반드시 자존감을 키워야 한다. 왜? 엄마의 자존감이 높아야 아이의 자존감이 높아지니까. 내가 나를 사랑해야 아이도 본인을 사랑할 수 있으니까. 우리는 아이를 행복하게 키워야 할 의무가 있는 부모라는 사실을 잊으면 안 된다. 나처럼 권태기가 오지 않도록 나는 내가 나라서 너무 좋다고, 내가 최고라고, 사랑한다고 잊기 전에 자주 말해주자.

좋은 남자를 끌어당기는 주문을 외워보라.

　좋은 남자를 만나는 방법, 실제로 이 주제에 대해 인터넷 각종 매개체에서 각자의 생각을 이야기하고 있다. 〈싱글맘학교〉를 만들어야겠다고 생각하기 전 〈싱글맘연애상담소〉를 운영했는데, 그러다 보니 좋은 남자를 만나는 방법에 대해 굉장히 많은 고민을 했다. 요즘 하도 나쁜 남자에 길들여지다 보니 나쁜 남자가 좋다는 여자들도 있지만, 실제로는 많은 사람들이 나쁜 남자보다 좋은 남자를 만나고 싶어 한다. 싱글맘도 예외는 아니다. 그리고 한 번의 실패가 있다 보니 더욱 좋은 남자를 찾는다. 그러면서도 나쁜 남자를 만나게 될 확률이 더 높다. 무의식중에 나쁜 남자에게 더 끌리는 본능 때문이다. 나를 애달프게 할수록 더 가지고 싶어지는 게 사람의 심리다.

　밀당을 잘하려면 여러 명을 만나야 한다는 말이 괜히 나오는 것이 아니다. 여러 명을 만나면 자연스럽게 상대방은 더욱 애달프게 될 수밖에 없기 때문에 기분 나쁘지만 부정할 수 없는 사실이기도 하다. '잡은 물고기에 밥 안 준다'는 말이 기분 나쁘긴 하지만 이런 본능 때문에 부정할 수 없는 사실이기도 하다. 실제로 이 말을 반대로 생각하면, 안 잡힌 물고기처럼 행동하면 밥을 준다는 말이기도 하다.

요즘 남자들은 예전에 비해 많이 똑똑해졌다. 내가 그들을 똑똑하다고 인정한 지가 얼마 되지 않아서 그런지는 모르겠지만, 이혼 후 다른 남자들과 대화를 하면 할수록 굉장히 똑똑하다는 생각이 절로 들었다. 그럴 만도 한 것이 사회가 많이 달라지기도 했다. 미투 사건도 그렇고, 승리 사건도 그렇고, 예전에는 남자와 여자가 싸웠을 때 여자가 불리한 사회였지만 요즘은 까딱 잘못하면 남자들이 억울하게 감방에 갈 수도 있을 만큼 남자들이 훨씬 불리하다. 그러다 보니 요즘 여자가 원나잇을 원해도 절대 하지 않는다고 말하는 남자들도 굉장히 많아졌다.

이유를 들어보니 합의하에 원나잇을 즐겼는데 다음 날 신고한다며 사례금을 요구하며 협박하는 여자들이 굉장히 많아서 그렇다고 했다. 이런 사회를 역이용하는 사람들이 많아져서 좋은 점도 있지만, 실제로 남자를 만나고 싶다는 마음이 있다면 그 때문에 남자들의 행동이 예전과 많이 달라졌다는 것을 인지하고 있어야 한다. 이런 사회에서 좋은 남자를 만나기 위한 방법은 무엇일지 한번 고민해보자. 거기다 싱글맘이다 보니 재혼을 전제로 만나는 경우가 많다. 다시 한 번 말하지만 이제는 이혼을 했는지 안 했는지는 중요하지 않다. 요즘은 예전과 달리 남자들도 결혼을 잘못했다가 삶이 힘들어지는 경우가 굉장히 많아졌기 때문에 남자들도 굉장한 위험요소를 감수하면서 결혼을 결심하게 된다.

가장 대표적인 예로 결혼 후 시댁 식구들 생활비까지 당연히 감당해야 하던 시대에서 처가 식구들 생활비를 우선으로 감당해야 하는 시대가 되었다. 실제로 요즘 시댁살이나 시댁과의 불화로 헤어지는 경우도 많지만, 그만큼 처가살이나 처가와의 문제로 이혼하는 부부도 굉장히 늘었다고 한다. 이런 사회에서 좋은 남편감을 찾으려면 어떻게 해야 할까? 이런 사회이기 때문에 좋은 남자일수록 더욱 여자를 조심히 만날 확률이 높을 것이라고 생각했고, 좋은 남자일수록 비혼주의로 살아갈 확률이 높을 것이라고 생각했다. 실제로 여자 입장에서 주변을 둘러보면 나라도 내가 남자라면 비혼주의로 살아가고 싶을 만하다는 생각이 든다.

남자를 만나고 싶은데 괜찮은 남자가 없어서 결혼까지 하고 싶은 남자를 찾는 것은 하늘의 별 따기 같다고 생각하는 나처럼, 여자를 만나고 싶은데 괜찮은 여자가 없어서 결혼까지 하고 싶은 여자를 찾는 것은 하늘의 별 따기 같다고 생각하는 남자들도 굉장히 많아졌다! 그렇기 때문에 우리가 좋은 남자를 만나기 위해서는 이렇게 생각하는 좋은 남자에게 '이 여자라면 만나봐도 좋을 것 같은데? 이 여자라면 결혼을 해도 좋을 것 같은데?'라는 마음을 갖게 해야 한다.

내가 선택한 남자들은 지금 생각해보면 정말 거기서 거기였다. 가까운 지인들에게 나의 연애나 결혼 이야기를 하면 "이상한 사람들만 만나고 다녔네!"라고 말하는 사람들이 많았다. 그때는 솔직히 무슨 말인지 몰랐다. 남자라서 남자 편을 드는가 보다 싶기도 했다. 기분이 나쁘기도 했다. 나도 나름 남자에 대해 많이 안다면 아는 여자인데 그런 평가를 받는 것을 인정할 수 없었고, 생각할수록 기분이 나쁘기도 했다. 그런 내가 나를 사랑하게 된 이후 나에게 다가오는 남자들의 태도나 행동들을 보면서 그 사람들의 말이 무슨 뜻이었는지 새삼스레 알게 되었고, 내 과거의 남자들을 냉정하게 판단할 수 있게 되었다. 그리고 내가 왜 그런 남자들만 만날 수밖에 없었는지도 알게 되었다.

당신도 나의 이야기가 지금은 기분 나쁘게 들릴 수도 있다. 그래도 이제는 알아야 한다. 당신의 전남편이 당신이 만날 수 있는 남자 중 최선의 남자였을 가능성이 높다는 사실을. 물론 그렇지 않은 경우가 없다는 것은 아니다. 그럴 가능성이 높다는 것일 뿐.

내가 결혼에 실패한 이유가 남이 아닌 나 때문이었다는 사실을 인정할 수밖에 없었다. 과거의 나는 나를 사랑하지 않고 소중히 하지 않았다. 그렇기 때문에 나를 적당히 사랑하고 적당히 소중하게 대하는 사람과만 만나고, 그런 사람 중 그나마 가장 나은 남자라고 생각하는 사람과 결혼할 확률이 높았던 것이다.

나와 결혼한 상대가 처음부터 나쁜 사람은 아니었을 가능성이 높다. 처음에는 좋은 사람이었을지언정 내가 나에게 하는 행동을 의식적으로, 또 무의식적으로 보고 느낀 그대로 나에게 전해주었을 가능성이 높다는 것이다. 만일 내가 이혼하기 전, 아이 아빠를 만나기 전 지금처럼 나를 아끼고 사랑하는 마음으로 나 스스로를 소중하게 생각했다면 상대방도 그러지 않았을 가능성이 높다. 그리고 그 사람을 애초에 만나지 않았을 가능성도 배제할 수 없다.

좋은 남자를 끌어당기는 주문? 별거 없다. 한마디로 '자존감', 나를 사랑하는 마음과 행동이 모이면 신기하게 길을 가다가도, 혼자 여행을 가서도, 서점에 잠시 들렀다가도 매일 겉만 치장하기 바쁘고 이 남자 저 남자 만나기 바쁜 여자보다 좋은 남자를 만날 확률이 훨씬 높아진다.

당신이 성장할수록, 자신을 사랑할수록 지금보다 점점 더 좋은 남자를 끌어당길 것이다. 그리고 여기서 기쁜 소식 하나 더! 굳이 남자가 아니더라도 내 주변에 좋은 사람들이 점점 많아지게 될 것이다. 실제로 이 세상에 훌륭한 생각을 가지고 있거나 부자이거나 성공한 사람들 중에 자존감이 낮거나 부정적인 사고를 가지고 있는 사람은 없다. 그의 주변 사람들마저도. 그 이유는 간단하다. 나를 사랑하는 사람은 절대 나를 함부로 대하는 사람이나 나의 사고를 부정적으로 흐트러뜨릴 것 같은 사람들과 깊은 관계를 이어가지 않는다.

좋은 사람은 좋은 사람들끼리 만나게 되어 있다. 알면 알수록 참으로 신기한 세상이다. 당신이 알던 남자가 만나고 보니 좋은 남자가 아니라고 느껴지는가? 그럼 끊어내라. 아직 더 좋은 남자를 만날 단계가 되지 않았다고 생각하고 또다시 나의 내면을 성장시키는 데 시간을 투자하

라. "나는 그렇게 매몰차지 못해요. 사람이 어떻게 그래요?" 그럼 그냥 계속 만나라. 그 또한 당신의 선택이니.

내면이 성장하면 할수록 나와 인연이 아니라고 생각하는 사람을 스스로 끊어낼 줄 아는 능력이 저절로 생긴다. 나는 이혼 전 자존감이 낮았다. 나를 사랑하는 방법도 몰랐다. 왜 그런 상황에 처하게 되었는지도 모르고 상대방의 잘못을 찾기에만 급급했다. 그런 내가 자존감이 높아졌다. 그렇게 냉정하게 과거의 결혼생활을 돌아보니 전남편도 참 힘들었겠다 싶어진다. 나를 조금 천천히 만났다면 화목한 가정이 될 수 있었을까 싶은 생각도 가끔 들곤 한다.

아쉽게도 우리는 이미 과거를 공유한 사이다 보니 새로 만들어가는 사이보다 화목하긴 힘들다. 그래도 이제는 원망의 눈빛이 아닌 감사의 눈빛으로 바라볼 용기가 생겼다. 아이가 아빠에게 가는 것에 대해 마음속의 응어리가 사라졌다. 오히려 우리 딸이 평생 아빠와 왕래하면서 지내고, 전남편도 이제는 좋은 여자를 만나서 행복하게 잘 살았으면 좋겠다. 나조차도 사랑하지 못한 나를 사랑해주고 결혼까지 결심해준 전남편에게 감사한 마음을 전한다. 한편으로는 미안하기도 하다. 내가 나를 아끼고 사랑했다면 그 사람도 나를 그렇게 대해주었을 테니까.

이제는 좋은 남자를 만나고 싶은가? 그렇다면 오늘부터 틈틈이 나를 사랑하는 시간, 나의 내면을 성장시키는 시간을 가져보자. 좋은 남자가 어느 순간 당신 곁에 와 있을 것이다.

끝이 아니라
새로운 시작임을 상기하라.

　이혼이 내 인생을 끝내기 위해 나에게 다가온 장해물이 아니라 내 인생의 새로운 시작을 위해 다가온 것이라고 생각하게 되었는가. 그럼에도 가끔 힘이 들 때가 있다. 그럴 때는 좋아하는 것, 하고 싶었던 것 등을 하면서 에너지를 충전하는 시간이 반드시 필요하다. 그러고 나면 언제 그랬냐는 듯이 살아가는 나를 발견할 수 있을 것이다. 그래도 힘이 나지 않으면 단순한 우리 뇌 속에 긍정의 연료를 주입할 때다.

　나의 상황을 적고 긍정적인 방향으로 바꾸는 연습을 해보자. 책을 읽는 것도 좋고, 드라마를 보는 것도 괜찮다. 가끔 아주 뜬금없는 곳에서 나에게 활력을 주기도 한다.

　처음 원고를 쓸 때에는 두 페이지를 쓰는 데 두 시간이나 걸렸다. 두 시간 정도 쓰고 나면 머리가 터질 것처럼 너무 아팠다. 이런 나에게 실망을 하기도 했다. 그맘때쯤 코로나19 사태로 딸아이의 어린이집이 갑작스레 휴원을 공지하여 원고 작업을 하지 못하게 되었다. 아이가 잠들었을 때 오랜만에 드라마나 볼까 싶은 마음에 〈멜로가 체질〉이라는 드라마를 정주행하기로 결심했다. 누군가 재미있다고 했던 기억이 나서 무심코 틀었는데 드라마 주인공이 드라마 작가인 것이 아닌가. 아무 생각 없이 튼 드라마 속에서 나와 똑같은 고민을 하고 있는 주인공을 보면서 힘을 얻게 되었다. 그렇게 육아도 더 재미있게 하고, 다른 사람들이 놀랄 만큼 빠른 속도로 원고 작업을 했다.

이처럼 실제로 우리가 이혼을 통해 새로 시작할 수 있게 된 것은 뭐가 있을까? 그 또한 너무 많다. 첫째, 새로운 사랑을 할 수 있다. 둘째, 내가 원하는 대로 살아가도 뭐라고 할 사람이 없다. 셋째, 부부싸움 할 일이 없다 등 다양한 좋은 점이 있지 않은가? 이미 엎질러진 물이라면 속상하지만 다시 컵에 담기지 않는다는 점을 인지하고, 치워내고 새로운 물을 컵에 담으면 된다.

불행도, 행복도 다 내가 생각하고 마음먹은 대로 다가온다면 행복을 끌어당기는 쪽이 좋지 않은가? 앞으로 무슨 일이 일어나도 새로운 시작을 의미한다고 생각해보자. '나한테 얼마나 좋은 일이 생기려고 이런 일들이 생기는 거지?'라고 생각하며 함께 이겨내보자! 그런 엄마를 바라보며 크는 아이는 과연 어떻게 자라서 어떤 훌륭한 사람이 될지 벌써 궁금해진다.

한 가정의 가장이 된
나를 기특하게 여길 것.

　한 가정의 가장이 되는 것은 쉬운 일이 아니다. 불행도, 행복도 내가 선택하는 것이라면 나는 행복을 선택할 것이다. '나의 가녀린 어깨에 이런 책임을 지게 하는 세상이 너무 미워'라고 생각한다면 세상을 살아갈 힘은 사라지기 마련이다. 나를 얼마나 큰 사람이 되게 하려고 이런 책임을 주는 것일까? 세상이 너무 재미있고 흥미진진하네'라고 생각하면 어떨까? 아마도 세상을 미워하는 마음을 가지고 있는 것보다는 세상을 살아갈 힘이 생길 것이다.

　실제로도 책임감이 있는 만큼 더욱 성장하게 되어 있다. 반장, 부반장, 회장, 부회장, 엄마, 아빠 등 책임을 필요로 하는 역할들의 호칭에는 반드시 힘이 있다. 어쩌다 반장이 되었다 해도 그날부터 반을 대표하는 사람이 나이고, 나로 인해 반을 평가하는 눈이 바뀌게 된다. 그래서 사람은 이름을 따라간다는 말이 있는 것 같다.

　내가 좋아하는 김창옥 교수님도 처음에는 교수가 아니었다고 한다.

어느 날 포프리 사장님과 인연이 되었는데 사장님이 계속 '교수님'이라고 불렀다고 한다. "저는 교수가 아닙니다"라고 말하자 사장님은 "교수라고 부르면 교수가 돼요"라고 했다고 한다. 그때는 말도 안 되는 소리라며 비웃었다고 했다. 그런데 시간이 지나 실제로 교수님이 되었다. 그때 사장님의 말이 진짜였음을 느끼셨다고 한다.

고등학교 시절 회장을 할 때 "회장이 그러면 안 되지, 회장이니까"라는 말을 참 자주 들었다. 나는 지각을 하면 안 되고, 수업시간에 떠들면 안 되었다. 만일 내가 지각을 하면 나 때문에 나와 같은 학년 학생들이 같이 혼났다. 요즘 2학년들 정신상태가 참 안 좋다는 식으로. 내가 수업시간에 떠들다가 걸리면 나 때문에 나와 같은 학년 학생들이 또 같이 혼났다. 요즘 2학년들 수업태도가 엉망이라는 식으로. 억울해도 어쩔 수 없었다. 내가 자초한 일이었기 때문에 받아들였다. 새삼 자리의 중요성을 깨달을 수 있는 시간이었다. 덕분에 나는 지각을 하지 않기 위해 한 시간 일찍 등교를 했고, 수업시간에 떠드는 일은 절대 하지 않았다. 이렇게 자리가 사람을 만든다.

재택부업 시절에 인연이 된 언니가 있는데 이런 이름, 호칭의 중요성을 익히 알고 실천하고 있었다. 같이 수다를 떨고 있는데 언니에게 전화가 왔다. 스마트폰 화면에 눈길이 가서 보니 'O재벌'이라고 저장이 되어 있었다. 통화가 끝나고 누구인지 물었더니 남편인데 재벌이 되라는 뜻에서 'O재벌'이라고 저장을 한 것이라고 말했다. 원래 회장이 되라고

'O회장'이라고 저장해놓고 실제로 그렇게 불렀더니 진짜 회장이 되었다고 한다. 그래서 이제는 재벌이 되라고 재벌이라고 불렀더니 재벌이 되어가고 있다고 한다. 얼마 전 남편이 벤츠 세단을 선물로 주었다는 소식도 들었다. 이름과 자리는 참 무서운 힘이 있다.

우리는 이제 한 가정의 가장이다. 이름과 자리는 참 무섭다. 가장의 어깨가 무거운 건 익히 알고 있었는데 이 정도로 무거운지는 몰랐다. 맞벌이였어도 이렇게 무겁지 않았는데 호칭 하나, 자리 하나 바뀌었을 뿐인데 삶의 무게는 많이 무거워졌다. 덕분에 나는 무조건 돈을 벌어야 한다.

더 멋진 엄마, 든든한 엄마, 존경하는 엄마, 하고 싶은 것을 응원해줄 수 있는 엄마가 되기 위해 노력해야 한다. 결혼생활 중에는 우리 엄마에게 용돈을 드리는 게 눈치 보였는데 이제는 눈치 보지 않고 용돈을 드릴 수 있게 되었다. 그런 사람이 되고 싶어졌다. 그렇게 나는 꿈을 꾸게 되었고, 더 큰 목표를 잡을 수 있게 되었다.

내가 만일 엄마가 아니었다면 힘들 때 엇나가기도 쉬웠을 것 같다. 다시 일어나기 위해 더 많은 시간이 필요했을 수도 있을 것 같다. 나는 한 가정의 가장이기에 책임감을 가지고 더 나은 가장이 되기 위해 오늘도 힘을 낸다. 이렇게 의미 있는 자리에 내가 서 있다는 것이 얼마나 행복한 일인가? 지금 내가 몸담고 있는 교육기관에서도 빠르게 움직이고 있는 편이다. 좀 더 자고 싶은 마음이 들면 나의 성공을 응원하고 있는 엄마와 딸을 생각하며 또다시 힘을 내본다.

소소하지만 확실한 행복을
누리면서 사는 법 ዞ

소소하지만 확실한 행복, 소확행. 언제부터인가 유행어처럼 자주 쓰이고 있는 말이다. 당신의 소확행은 무엇인가? 없다면 지금부터 하루에 딱 1분만 사소한 것에 감사한 마음을 가져보는 건 어떨까? 성공을 하려면 주변에 성공한 사람이 많아야 한다는 생각으로 성공한 사람이 많은 곳을 찾아다니고, 성공한 사람들의 생각과 삶을 많이 관찰하면서 지냈다. 처음부터 부자로 태어나서 순탄하게 살아온 사람들보다는 나보다 더 어려웠음에도 극복하여 자수성가한 사람들의 이야기가 더 와 닿았다.

이분들을 만나기 전에는 내가 흐트러지지 않고 바르게 자란 것만으로도 다행이라는 생각을 가지고 살고 있었다. 이 정도면 훌륭하다는 착각 속에서. 주변에서도 이런 이유로 칭찬을 들었던 나였다. 들으면 기분이 좋아지는 것은 분명한데 시간이 지나면 다시 공허해지곤 했다. 더 많은 칭찬을 갈구하게 되었다. 나는 왜 그런 생각을 하게 된 것일까? 이유가 뭘까? 고민해봐도 해답을 찾을 수 없었다. 그러다 성공한 사람들이 지금도 매일 실천하고 있다는 하루 1분 투자로 오랜 고민의 해답을 찾을 수 있게 되었다.

내가 해답을 찾지 못한 이유는 불행한 삶에 비해 이 정도면 괜찮다는 생각조차 잘못된 것이었기 때문이다. 비록 힘들었지만 그런 경험들이 있었기에 더 행복한 미래를 살아갈 수 있게 되었다는 믿음, 희망이 없어 보였던 나의 삶에서 찾은 소소하지만 확실한 행복을 눈으로 보고 글로 적으니 더 행복해졌다. 덕분에 나는 더 성공하고 싶고, 부자가 되고 싶고, 인정받고 싶은 욕구를 외면하지 않고 받아들일 수 있는 힘이 생겼다. 드디어 오랜 나의 공허함에 대한 해답을 찾게 된 것이다.

방법은 어렵지 않다. 매일 아침이나 저녁에 세 줄에서 다섯 줄 정도의 감사 일기를 쓰는 것이다. 아침, 저녁 두 번 적는 것이 제일 좋다지만 그러기엔 너무 부담스럽다면 아침을 추천한다. 아침에 일어나자마자 오늘 하루 감사할 일을 적다 보면 나도 모르게 미소가 지어지면서 내 삶에 만족감을 느끼게 된다. 소확행이라고 한 이유는 감사할 일이 거창한 것이 아니기 때문이다.

예를 들어 '오늘도 건강하게 아침을 맞이할 수 있음에 감사합니다', '오늘도 일어나야 될 시간에 일어날 수 있음에 감사합니다', '오늘도 내가 할 일이 있음에 감사합니다', '오늘도 사랑스러운 아이와 함께 살아갈 수 있음에 감사합니다', '오늘도 감사 일기를 쓸 수 있음에 감사합니다' 등 아주 사소한 것부터 시작하면 된다. 나는 다섯 줄 정도를 적으려고 하는데, 운이 엄청 좋은 날에는 열한 줄까지도 써봤다.

스마트폰에 작성하거나 컴퓨터에 작성해도 좋다. 물론 아날로그 감성이 제일 효과적이다. 적은 것을 소리 내어 읽는다면 그야말로 금상첨화다. 행복한 일 하나 없는 나날들이 감사 일기를 통해 사소한 것 하나하나에 감사하게 되면서 변화하기 시작한다.

나부터, 지금부터, 작은 일부터, 인생이 불행하다고 느껴진다면 더욱 해보길 바란다. 아, 가끔 감사할 일이 생각 안 난다면 무당처럼 앞으로 일어났으면 좋겠다고 생각하는 일을 이미 일어난 일처럼 적는 것도 한 방법이다. 나는 아직 해보지 않았지만 신기하게 적어놓으면 실제로 일어나더라고 말하는 사람들이 꽤나 많다. 우울한 날, 적어놓았던 감사 일기를 보면 없던 희망도 생기지 않을까?

내 아이를 지키는 힘이
성장의 동력이다

우리는 '나'라는 존재가 세상의 전부라고 생각하는 내 아이를 위해서라도 힘이 필요하다. 아무리 아이를 혼자 키우고 있는 나의 상황이 당당하다고 해도 살아가다 보면 남을 헐뜯는 재미로 사는 사람들과도 마주하게 된다. 그 사람들보다 내가 약한 존재로 느껴져서는 절대 안 된다. 그들은 약자 앞에서 더 강해지는 특징이 있기 때문이다. 세상이 왜 이렇게 글러먹었냐고 투정 부리는 것보다 그런 세상을 이용해 나에게 유리한 상황을 만드는 것이 더 빠르다는 사실을 이제 인지하지 않았는가.

실제로 이러한 관계 속에서의 언쟁은 비일비재하다. 얼마 전 초등학생 자녀를 둔 한 싱글맘의 사연을 듣게 되었다. 어쩌다 아이가 친구와 다툼이 있었는데, 아이와 싸운 친구의 엄마라는 사람이 아빠 없이 자랐다는 정보를 알고서는 아빠 없이 커서 애가 그 모양인 것이냐는 말을 계속 했다는 것이다. 그런 것 때문이 아닌 것 같다고 해도 상대 엄마는 들은 척도 안 하더라고 말했다. 그 말을 들은 나는 '여자의 적은 여자'

라는 말이 떠올랐다. 이런 일들은 아직도 흔히 일어나고 있다. 내가 이혼하기 전에 아이가 돌치레를 하여 입원한 적이 있었는데, 같은 병실을 사용하는 아이의 부모님이 싱글맘이었다. 아이들을 재우고 어쩌다 대화를 나누게 되었는데 어린이집, 유치원 다닐 때는 괜찮았는데 아이가 학교를 다니기 시작하면서 엄마들 사이에서 아이를 혼자 키운다는 이유로 따돌림을 당한다고 했다.

과연 아이를 혼자 키우고 있다는 이유로 이러한 취급을 받는 이 상황이 맞는 걸까? 만일 내가 그런 상황이었다면 어땠을까? 그래서 더욱 다른 엄마들보다 강해져야 된다고 생각했다. 나도 얼마 전까지는 굳이 그럴 필요가 있을까라는 생각을 했었다. 그러던 중 내가 몸담고 있는 〈한국비즈니스협회〉에서 나에게 과제를 내주었다. 협회에서는 매년 정규 수업을 연장하기 위해 면접을 진행하는데, 면접을 보기 전에 필요한 미션 같은 것이었다. 어려운 것은 아니고 《10배의 법칙》이라는 책을 읽고 독후감을 써오라고 했다. 협회에서는 어떤 과제를 그냥 내주는 법이 없었기 때문에 책이랑 사이가 멀었던 내가 새해가 바뀌고 나서 처음으로 읽게 된 책이었다. 그렇게 책을 읽기 시작했는데 처음에는 읽는 동안 기분이 썩 좋지 않았다.

평범하게 사는 것을 목표로 하고 있는 당신 때문에 계속 시련이 닥치는 것이라고 주장하는 글쓴이에게 화가 났다. 아마 이 책을 보는 독자들은 처음에 대부분 나처럼 생각하지 않을까 싶다. 그래도 꿋꿋하게 읽었다. 처음에는 이해가 되지 않던, 아니 이해하기 싫었던 글쓴이의 주장들이 어느 순간 이해가 되기 시작했다. 그러면서 내가 이제껏 살던 방식과 자연스레 비교를 해보면서 반성이 되었다. 나의 잘못을 인정하기 시작한 것이었다.

그 이후에는 왜 내가 실패만 하게 되었는지 생각해보면서 나에 대해 냉정하게 판단할 수 있게 되었다. 이 책에서는 평범하게 사는 사람들이 실패를 반복하는 이유와 또다시 실패하지 않는 목표를 세우는 방법, 그렇게 생각하는 이유에 대해 알려주었다. 그러면서 글쓴이는 부모의 성장이 우리에게는 사랑하는 아이를 지킬 수 있는 힘이라고 말했다. 그 말에 나는 반항심이 들었다. 부모의 성공과 아이를 지키는 것이 무슨 상관이 있다는 건지 이해가 되지 않았다. 그런 마음이 들던 나도 그 주장을 뒷받침하는 내용을 보고 인정할 수밖에 없었다. 그 주장은 다음과 같았다.

만일 부모에게 돈이 없다면 내 아이가 아플 때 병원에 데려가지 못하고, 부모에게 돈이 없어 오늘 당장 집이 없다면 아이들이 위험에 노출되며 오늘 당장 배고픔에 허덕이며 살아야 될 수도 있다고 했다. 그런 일이 일어나지 않았으면 좋겠지만 사실상 인정할 수밖에 없고, 나라고 그런 일이 없을 것이라는 보장은 정말 없었다.

이렇게 냉혹한 현실을 인정하기는 싫지만 부모가 돈을 많이 가지고 있을수록, 부모가 권력이 있을수록 이런 안타까운 현실을 막을 수 있다는 주장을 인정할 수밖에 없었다. 나조차도 남편에게 경제적으로 의존하며 살았기 때문에 어쩔 수 없는 현실을 이겨내고 있다. 만일 내가 지금처럼 앞으로도 모아놓은 돈은 없고 빚만 많은 상황에서 벗어나지 않는다면 나에게 닥쳐올 미래이기도 했다. 인정하기 싫지만 인정해야 했다. 아이를 지킬 수 있는 힘은 부모의 돈과 능력, 나의 성공이라는 사실을.

〈동백꽃 필 무렵〉이라는 드라마 속에서 미혼모로 나오는 동백이는 일곱 살에 고아원에 버려지게 되었다. 고아라는 이유로 힘들게 성인이 된 동백이는 커서 미혼모가 된다. 엄마 팔자 그대로 딸에게 물려준 것일까? 동백이는 아이를 키울 여유가 없었지만 누구보다 잘 키우고 싶었다. 아마 자신이 직접 겪어보아서 너무 잘 알기 때문에 더더욱 물려주고 싶지 않았을 것이다. 그렇게 미혼모의 몸으로 '동백꽃 필 무렵'이라는 두루치기 전문 동네 술집을 운영하며 아이와 함께 꿋꿋하게 살아간다. 그럼에도 동백이를 시기하는 동네 아줌마들과 그녀의 몸을 탐하는 남자들, 엄마가 술집을 한다는 이유로 친구들에게 비난을 받는 아들의 모습은 절대 드라마에서나 나오는 이야기가 아니다.

힘들게 살아가고 있는 동백이에게 자신을 버린 엄마가 치매에 걸려서 찾아온다. 그런데 치매에 걸린 줄 알았던 엄마는 사실 연기를 한 것이었고, 본인의 사망보험금을 주기 위해 찾아온 것이었다. 그러면서 엄마가 딸을 버릴 수밖에 없었던 과거의 모습이 방영되었다. 엄마가 딸을 고아원에 보낼 수밖에 없었던 이유. 사랑하지 않아서 그런 선택을 한 것이 아닌 가난으로 인해 힘들어진 내 자식을 보니 가슴이 아파서, 내 자식 입에 따뜻한 밥 한 끼 더 먹이고 싶어서, 길바닥이나 술집이 아닌 따뜻한 곳에서 잠들었으면 하는 마음에 버리게 된 엄마의 사연을 보면서 나는 더더욱 잔혹한 현실을 인정하게 되었다. 인정하기 싫지만 부모의 돈과 능력이 내 아이를 지켜주는 힘이라는 것을 인정해야 한다. 그렇기 때문에 우리는 나를 위해서가 아닌 내 아이를 지키기 위해서라도 더더욱 힘을 길러야 하지 않을까.

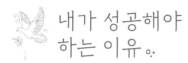

내가 성공해야
하는 이유

돈이 필요한 것은 알겠는데 성공은 왜 필요한 것일까? 사람마다 성공이라고 말하는 기준은 너무 다르다. 돈을 많이 버는 것이 성공이라고 생각하는 사람이 훨씬 많을 것이다. 그리고 실제로 성공을 했다고 하는 사람들은 돈을 많이 번다. 그렇다면 유흥업소에 다녀도 돈만 많이 벌면 되는 것일까? 불법적인 일을 저질러도 돈만 많이 벌면 성공인 것일까? 그러면 좋겠지만 아쉽게도 그건 아니다. 돈에도 착한 돈이 있고 나쁜 돈이 있다. 쉽게 벌수록 쉽게 쓰듯이 내가 노력해서 번 돈이 많을수록 우리는 떳떳해지고 돈도 내 곁에 오래 머무르게 된다.

실제로 나는 쉽게 벌고 싶은 마음에 주식이나 펀드로 돈을 잃는 경험을 해보았다. 주식이나 펀드가 나쁘다는 것은 아니다. 내가 직접 공부하고 투자해서 얻는 수익은 괜찮지만, 남들이 좋다고 해서 그 정보만 믿고 아무 노력 없이 수익을 얻으려고 하는 행동은 옳지 않다고 말하는 것이다.

〈동백꽃 필 무렵〉을 보면서도 나는 이 부분이 좀 답답했다. 처음에는 어쩔 수 없었다고 해도 '술집 하는 엄마' 때문에 아이가 학교에서 따돌림을 당하거나 힘들어하면 다른 업종으로 바꿀 생각도 해보는 것이 부모의 자리라고 생각한다. 무슨 일을 하든 아이에게 떳떳한 엄마가 되고 싶다. 〈싱글맘학교〉를 설립하기 전 〈싱글맘연애상담소〉라는 이름으로 운영을 하려다가 나의 의도와는 다르게 딸에게 쓸데없는 선입견이 생길 수도 있을 것 같아서 고민 끝에 바꾸게 되었다. 싱글맘은 돈도 필요하지만 아빠의 빈자리를 채울 수 있는 명예도 필요하다.

나는 내가 원해서 아이를 낳았지만, 이 아이는 나의 선택에 의해 세상에 태어나게 되었다. 내가 능력이 없어서 아이를 곤경에 처하게 하고 싶지도 않고, "나를 왜 낳아서 이렇게 힘들게 하나?"는 말을 듣고 싶지도 않다. 지금 상황에서 최선을 다해 돈도 벌고 남들이 말하는 성공까지 두 마리 토끼를 모두 잡고 싶다. 당신은 누구나 할 수 없는 엄마라는 역할을 해야 하기 때문에 그럴 힘이 충분히 있다. 할 수 없다고 생각하는 사람은 평생 할 수 없고, 할 수 있다고 생각하는 사람은 언젠가 꼭 할 수 있다. 우리의 성공은 이제부터 선택이 아닌 의무다.

성공이 의무인 것은 알겠는데 나에게 성공이란 무엇일까? 나도 이 부분에 대해 정의 내리는 일이 어려웠다. 그렇게 시간이 지나고 나니 성공의 다른 말이 꿈이라는 것을 알게 되었다. '꿈을 꾸는 것'이 멀게만 느껴졌는데 사실 이 세상에서 가장 쉬운 일이다. 사람마다 성공의 기준이 다 다르듯이 사람마다 꿈이 다 다르다. 처음에는 '나의 꿈은 뭘까?'라고 생각했을 때 머릿속에 떠오르는 것이 '성공한 엄마'였다. 비록 이혼은 하였지만 어렸을 때부터 꿈이 빨리 엄마가 되는 것이었고, 아이에게 좋은 엄마가 되어주는 것이 나의 꿈이었다. 그렇게 시작하는 것이다. 큰 계획을 구체적으로 세분화하면서 내가 지금 해야 할 일, 내가 이번 달에 해야 할 일, 내가 이번 년도에 해야 할 일들을 알고 이를 해나가면 된다.

꿈이 꼭 한 가지여야 할 필요도 없다. 1년 전의 나는 성공한 엄마가 되는 것이 꿈이었다면, 지금은 '행복하고 성공한 엄마가 되는 것'이 꿈이다. 막연해 보일지 몰라도 '내가 행복해지려면 무엇을 해야 하지? 내가 성공을 하려면 무엇을 해야 하지?'를 고민하고 실천하다 보면 어느 날 꿈에 한발 가까이 다가가 있는 나를 발견할 수 있다.

불과 1년 전만 해도 내가 책을 쓸 것이라는 생각을 전혀 못했다. 이 또한 꿈을 꾸고 꿈을 실현시키기 위해 고민하고 행동한 결과가 아닐까? 아이의 행복도 중요하지만 나의 행복도 그만큼 중요하다. 내가 행복해야 아이가 행복해질 수 있기 때문이다. 그 해답은 항상 나에게 있다. 내가 고졸이라는 사실이 떳떳하지 않고 행복하지 않다면 지금부터 하루에 한 시간씩 수능 공부를 해서 대학에 가는 것을 목표로 삼으면 되지 않는가.

나는 사람들이 수능 이야기나 대학 이야기를 하면 할 말이 없어진다. 그래서 갑자기 3년 뒤 서울대학교 심리학과 입학을 목표로 수능 공부를 해볼까라는 생각을 하면서 실제로 도전하고 싶기도 하다. 현실을 무시하면서 꿈만 좇을 상황이 아니기 때문에 현실적인 꿈의 우선순위가 뒤처지기는 하겠지만, 아무 생각 없는 사람들보다 꿈을 이룰 확률이 높지 않을까? 그리고 3년 뒤 수능 만점을 받고 서울대학교에 입학한 나의 모습을 상상하는 것만으로도 가슴이 뛰는 것을 느낄 수 있다.

'나는 한 달에 300만 원 정도 벌면서 하루 한 시간씩 취미활동을 할 수 있는 것만으로도 만족해. 그거면 나는 성공한 인생이야'라고 생각한다면 그 또한 정답이다. 혹시 나처럼 가슴속에 꿈틀거리는 꿈이 없는가? 꿈은 내가 살아가는 힘이 되기도 한다. 살아 있는 느낌을 주기도 한다. 나에게 성공이란 무엇일까 고민해보는 뜻깊은 시간을 가져보길 바란다. 그리고 그 꿈을 이루기 위해 지금 할 수 있는 부분부터 조금씩 해나가라. 멀게만 느껴졌던 꿈이 가까워진 것 같은 기분을 느껴보기 바란다. 꿈은 아이들만 꾸는 것이 아니다. 성장을 원한다면 살아가는 동안 항상 필요한 필수품이다.

끊임없이
나를 위해 질문하라.

지금까지 나는 어떤 사람에게 질문하는 경우가 많았을까? 질문에는 참으로 신비한 힘이 있다. 사람들은 본능적으로 질문을 받으면 답을 하고 싶어진다. 그래서 요즘 SNS의 반응이 뜸하다 싶으면 사람들이 내 글을 보는지 확인해보기 위해 일부러 질문을 끝으로 글을 마무리하는 경우가 있다. 예를 들면 다음과 같은 식이다.

'중국 음식점에 왔는데 오늘따라 짜장면을 먹을지, 짬뽕을 먹을지 너무 고민되는 거 있죠? 그래서 친구한테 졸라서 한 개씩 시켜 먹었어요. 우리 인친님들은 자장면을 더 좋아하세요, 짬뽕을 더 좋아하세요? #선택장애1인'

지금 혹시 무엇이 더 좋은지 머릿속에 떠오르지 않았는가? 굳이 댓글을 달지 않더라도 나는 그 사람의 잠시 잠깐의 시간을 뺏은 것이고, 그로 인해 그 사람 머릿속의 많고 많은 정보 중 내가 잠깐이라도 들어가게 된 것이라고 생각한다. 그만큼 질문이 중요하다. 특히 부모와 자식 사이라면 질문과 답이 끊임없이 진행된다. "엄마, 나는 어떻게 생기게 되었어요?"라는 질문에 당신은 어떤 대답을 해줄 것 같은가? "어, 그게 말이지, 다리 밑에서 주워왔어." 이런 대답을 하고 있지는 않은가? 아이의 생각 길은 어른이 범접할 수 없을 만큼 무궁무진하게 넓다. 그래서 가끔 팩트 폭행의 달인은 아이가 된다. "엄마, 아빠는 매일 싸우려고 결혼한 거야?" 같은 질문을 하는 아이. 그런 아이에게 나도 모르게 본능에 충실하여 대답을 하고 싶은 충동이 생길 것이다. 그럴 때 잠시 숨을 고르고 정보를 주는 대신 왜 그렇게 생각하는지, 어떻게 생각하는지를 먼저 물어보면 좋다.

이렇게 질문은 내가 남에게 하거나 남들이 나에게 하는 것이 보편적이다. 왜 그렇게 대답하고 싶은 본능을 알면서 나에게는 질문을 하지 않는 걸까? 내 인생은 나를 위해 준 선물이라는 표현이 적절할 정도로 우리는 한 아이의 엄마이기 이전에 한 사람이다. 아이를 위해 희생하고 있다는 말은 이제 그만 하자.

베푸는 것은 내가 다른 사람에게 해준 것만큼 돌아오지 않더라도 기꺼이 해줄 수 있는 것이라고 한다. 그럼 우리는 아이에게 대가를 바라지 않고 해줄 수 있는 행동이나 경제적인 투자가 얼마나 있는지 스스로의 수준에 맞게 계산해보아야 하고, 아이의 인생을 아이의 것으로 바라보려면 이제 어느 누구를 위해서 사는 것이 아니라 오로지 나만을 위해 살아야 한다. 그러기 위해서는 나에 대해 내가 누구보다 제일 잘 알아야 한다. 그것이 행복한 인생을 위해 꼭 필요한 과정이기도 하다. 언제까지 누구를 위한 삶만 살 것인가?

죽기 전에 어떤 것을 가장 후회하는지 물으면 어떤 대답이 가장 많이 나올 것 같은가? 보통은 가족과 시간을 많이 보내지 못한 것과 자기를 위한 시간을 많이 보내지 못한 것을 후회한다고 한다. 내일 당장 죽어도 후회하지 않으려면 지금 나를 위한 시간을 갖기 위한 시도를 해보기 바란다. 나를 위한 시간이 무엇인지 모를 때 이러한 질문을 통해 답을 차차 찾아나가면 된다. 작은 것부터 하나하나 차근차근. 그렇게 묻고 답하다 보면 점차 습관화되어서 굳이 묻지 않아도 나에 대해 어느 정도 파악할 수 있고, 본인의 새로운 점을 본인이 제일 많이 알아차릴 수 있게 된다.

성공의 기준은 사람마다 다 다르다. 내가 생각하는 성공은 무엇인지, 무엇을 하면서 살고 싶은지, 내가 어떤 것을 잘하고 못하는지를 알고 거기에 맞는 길을 스스로 찾는다면 그야말로 성공의 지름길이 아닐까? 나와 함께 지름길을 걸어보지 않겠는가?

내가 진짜로 간절히
하고 싶은 것은 무엇인가? :

질문이 중요한 건 알겠는데, 나한테 무슨 질문을 가장 먼저 해야 할까? 사실 순서는 그렇게 중요하지 않지만 그래도 우선적으로 하면 좋은 질문은 '나는 무엇을 하고 싶은가?'다. 나는 무엇이 하고 싶고, 무엇이 되고 싶지? 나는 무엇을 하면서 살면 힘들어도 지치지 않고 열심히 할 수 있을까?'

지금 결혼을 해서 육아를 하고 있는 전업주부라고 해도 어떤 사람은 일하는 것보다 낫다고 느낄 수 있고, 어떤 사람은 차라리 일을 하는 게 낫다고 생각할 수도 있다. 이렇듯 사람마다 재능도 다르고, 성격도 다르고, 체력도 다르기 때문에 '어떤 것으로 성공할 것인가? 어떤 사람이 되고 싶은가? 나는 무엇을 하고 싶은가?'라는 질문에서부터 나를 찾아가는 것이 맞지 않을까?

실제로 나도 '나는 무엇을 하고 싶은가?'라는 질문에서부터 시작했다. 나는 원래 심리상담사가 되고 싶었다. 사람들과의 대화를 통해 스트레스도 해소되는 기분을 느꼈다. 사람을 대하고 그 사람을 위로해주면서 나를 위로하는 기분을 느낄 수 있었다. 그리고 사람들 앞에서 내가 먼저 알게 된 내용에 대해 이야기하는 것을 좋아한다. 그로 인해 그 사람에게 도움이 된다면 밥을 먹지 않아도 배부른 감정을 느끼는 것 같다.

이렇게 '나는 무엇을 하고 싶은가?'에서 시작된 질문이 그러기 위해서는 '어떤 직업을 선택해야 할까?'로 바뀌었다. 그렇게 한 단계 발전한 질문을 이어나갔다. 내가 원하는 일을 하면서 당시 월급보다는 많이 벌 수 있는 일. 그런 일은 세상에 많지 않았다. 변호사, 의사, 변호사 등 사자가 들어가는 직업에 나의 성향이 맞지만 그렇다고 지금 도전을 할 수는 없는 노릇이었다. 아쉽지만 '늦었다고 생각할 때가 가장 빠르다'는 말은 잠시 잊자. 지금 당장 먹고살 수 있는 직업이 필요하기 때문이다. 돈을 충분히 벌고 난 뒤에 그래도 도전하고 싶다면 그때 도전해도 된다.

나는 보험에 대해 일찍이 필요성을 알고 있었다. 여러 가지 사건이 있었지만 그중에서도 중학교 때의 갑작스러운 교통사고는 10년이 지난 지금까지도 허리 통증을 남겼고, 그 이후 허리 관련 보험은 가입이 되지 않을뿐더러 보험에 대해 잘 모른다는 죄로 합의금도 겨우 90만 원에 만족해야 했다. 그 이후부터 극심한 허리 통증이 시작되었고 공부에 지장을 주었다. 유명한 허리 치료 전문병원을 찾아다니면서 돈도, 시간도 많이 사용했지만 지금까지 허리디스크로 고생 중이다. 그 외에 중학교 졸업여행 중 친구가 사망하는 사고, 집에 불이 나서 갑작스레 사망한 친구, 가족여행 중 맞닥뜨린 숙박업소 화재사건 등을 겪으면서 보험의 필요성을 누구보다 더 잘 알게 되었다.

나와 같은 상황의 사람들에게 도움이 되고자 하는 마음에 H보험회사에 취직을 해 큰맘 먹고 영업에 도전했지만 마음처럼 쉽지 않았다. 회사에서 신입 때부터 무리한 실적을 요구하는 것이 부당하다고 생각했지만 어쩔 수 없었다. 잘 알지도 못하는 상태에서 보험 가입을 성사시켜야 하다 보니 성적이 좋지 못했다.

사실 진짜 이유는 내가 아직 비전문가라서 당당하게 계약을 해달라고 하는 것이 민폐라고 생각했다. 그래도 오랜만에 내가 할 수 있는 일을 잘하기 위해, 당당해지기 위해 매일 고민하다가 〈한국비즈니스협회〉를 알게 되었다. 그리고 나처럼 힘들게 세상을 살아가는 싱글맘들에게 도움을 줄 정보가 뭐가 있을지, 어떻게 하면 한 분이라도 더 행복한 삶을 살아가게 할 수 있을지 고민한 끝에 〈싱글맘학교〉를 만든 것이다.

나를 사랑하지 않았던 내가, 자격지심이 심했던 내가, 가정폭력에 힘들어했던 내가, 이혼에 낙태 경험도 있는 내가 '나는 무엇을 하고 싶은가?'라는 질문을 파고든 덕분에 정상을 꿈꾸며, 나를 사랑하며, 모든 사람들을 품을 그릇을 키워가며, 삶에 감사하며 매일을 행복한 마음으로 살아가고 있다. "힘내, 파이팅, 힘들겠다"라는 말을 들으며 살던 내가 어느 순간부터는 "부럽다, 당신처럼 살고 싶다, 당신이 너무 멋있다, 존경한다, 나의 희망이다" 등 인정을 받으면서 살아가고 있다. 그리고 멀게만 느껴지던 꿈들이 어느 순간부터 한발 앞으로 다가와 있다.

시간도 꽤 많이 걸리고 너무 무모하다고, 너무 느리다고 생각하는 이들도 있을 것이다. 그 사람들에게 이렇게 말하고 싶다. "꼭 지켜보세요. 비록 지금은 큰 변화가 없는 것처럼 느껴질지 몰라도 포기하지 않고 결승점에 반드시 도달하는 것은 토끼가 아닌 거북이에요"라고 말이다. 내가 했던 방법보다 더 빠르게 돈을 많이 벌고, 권력 있는 사람이 될 수 있는 방법도 많이 있을 것이다. 그럼에도 '나는 무엇을 하고 싶은가?'라는 질문에서 시작해 실천해온 사람들이 진짜 끝까지 달려 나갈 수 있는 사람들이라고 생각한다.

실제로 앞만 보고 열심히 달려 성공의 경지에 오른 상황에서 '내가 무엇 때문에 이렇게 열심히 일하는 거지?'라는 생각으로 많은 사람들이 무너지기도 하고, "나는 비록 남들이 보기에는 부자이고 성공한 인생일지 몰라도 행복하지 않다"고 말하는 사람들이 굉장히 많다는 것을 주위를 조금만 둘러봐도 알 수 있을 것이다. 그저 행복에 겨운 소리로 여기고 내가 귀담아듣지 않았던 것뿐이다. 나를 위해서라도, 아이를 위해서라도 결승선까지 달리는 과정이 중요하다. 꼭 '나는 무엇을 하고 싶은가?'라는 질문의 힘을 느껴보길 바란다.

내가 잘하는 일,
못하는 것은 무엇일까?

혹시 자신의 장점과 단점에 대해 진지하게 고민해본 적이 있는가? 장점에 대해 아는 것과 단점에 대해 아는 것은 어떤 면에서 좋을까? 처음에 나의 장점은 대부분의 사람들과 별반 다를 것이 없었다. 사람들과 빨리 친해진다, 긍정적이다, 낙천적이다 정도? 이렇게 나와 오래 있어보지 않아도 알 수 있는 것들뿐이었다. 아마 당신도 나와 같은 수준이거나 나보다 조금 더 구체적으로 알고 있는 정도이지 않을까 생각한다.

나의 장점을 고민해보는 시간은 지금 삶이 너무 힘들게 느껴지거나 내가 할 수 있는 것이 없다고 느껴지는 사람들에게 훨씬 효과가 좋다. 우선 컴퓨터 메모장에 써도 좋고, 종이에 펜으로 써도 좋다. 머릿속으로만 생각해도 나쁘지 않지만 이렇게 써보라고 하는 것에는 나름의 이유가 있으니 준비해보는 것을 추천한다. '다음에 해봐야지' 하고 지나치지 말고 지금 당장 책을 덮어두고 '나의 장점은 무엇일까?'라는 주제로 적어보자. 아마 효과를 많이 볼 수 있는 사람일수록 처음에는 생각이 더 나지 않을 것이다.

내가 처음 긍정적인 생각을 하기 위해 공부했던 방법과 매우 흡사하다. 열 개, 스무 개, 사소한 것이라도 괜찮다. 그렇게 100개만 적어볼까? 만약 아무리 생각해도 떠오르지 않는다면 친구들에게 물어봐도 좋다. 이때 팁은 갑작스럽게 나의 장점 열 가지만 말해보라고 강요하지 말고, 내가 먼저 그 사람의 장점 열 가지를 생각해서 말해준 뒤 나에게도 말해달라고 하는 것이다.

상대방이 바빠서 거절할 수도 있지만 그보다 본인이 이미 받은 것이 있기 때문에라도 조금 더 성의 있게 생각해서 대답해줄 것이다. 그렇게 생각날 때마다 한 가지, 두 가지 쌓여가는 나의 장점들을 보고 깜짝 놀랄 것이다. 나에게 이렇게 다양한 장점이 있다는 것을 알지 못했기 때문이다. 그렇게 나의 장점으로 가득 찬 메모장이나 종이를 다른 장점을 적기 위해서라도 어쩔 수 없이 계속 읽어보게 된다.

'아, 나에게 이런 장점도 있었구나! 아, 나에게 이런 장점도 있었지?' 그렇게 빼곡히 쌓여가는 장점을 보면서 나도 모르게 기분이 좋아지는 경험을 하게 될 것이다. 너무 억지 같아도 일단 적어보자. 그리고 내가 너무 싫어지거나 이유 없이 미워지고 우울한 날 나의 장점을 소리 내어 읽어보라. 그러면 나도 모르게 빙그레 미소 짓게 된다.

그다음은 이제 '나의 단점은 무엇일까?' 생각해볼 차례다. 단점은 아무리 생각이 나지 않아도 절대 다른 사람에게 물어보면 안 된다. 괜히 들어서 좋을 것이 없다. 그동안 주의 깊게 생각하는 시간을 가져보지 않았기 때문에 이 또한 어려울 수 있다. 다행인 것은 내가 주의 깊게 생각해보지 않았을 뿐 스스로 잘 알고 있다는 사실이다. 그렇게 똑같은 방법으로 '나의 단점은 무엇일까?' 곰곰이 생각해본다.

이 또한 100가지만 적어볼까? "아니, 열심히 기분을 끌어올려놓을 때는 언제고, 굳이 단점을 떠올려서 적기까지 하는 이유는 뭐죠?"라고 묻고 싶은 사람도 있을 것 같다. 일단 단점을 적게 되면 굳이 남들에게 묻지 않아도 나의 치명적인 단점이 무엇인지 한눈에 파악할 수 있다. 그렇게 나의 단점을 파악하고 마음속으로 반성도 하고, '이런 것들 때문에 내가 이렇게 했구나' 하며 용서도 하고, 나의 단점을 극복하는 좋은 방법에 대해 질문을 이어갈 수도 있다.

어떻게 사람이 좋은 면만 있을 수 있는가? 피아노를 잘 치는 사람이 있으면 못 치는 사람도 있는 거 아니겠는가? 나 같은 경우 암산에 약하다는 단점을 인정하면서 적어나갔다. 그랬더니 암산할 일이 생기면 "나 암산을 좀 잘 못해"라고 하면 끝날 상황에서 굳이 '나는 왜 암산처럼 간단한 것을 못하는 걸까?'라며 스스로 채찍질하는 시간도 줄이고, 그 대신 잘하는 부분이 무엇인지도 떠올릴 수 있었다.

나는 미술은 아무리 배워도 늘지 않는다는 단점이 있지만 악기는 배우면 금방 할 줄 안다는 장점이 있고, 암산을 잘 못한다는 단점은 있지만 암기를 잘한다는 장점이 있다. 이렇게 스스로 잘하는 것을 부각시키고 잘 못하는 것을 커버할 수 있는 사람이나 도구 등을 이용하면서 다른 누구보다 나를 잘 아는 내가 되어간다. 여러 가지 긍정적인 면이 있지만 특히 인간관계가 좋아지게 된다.

왜 이런 결과가 나올 수 있을까? 고민해본 결과 나에게도 이렇게 많은 장점과 단점이 있는데 다른 것들도 마찬가지임을 인정하고, 장점을 부각시키고 단점은 이해해줄 수 있는 사람이 될 수 있어서 그런 것 같다. 아직 나의 장단점이 무엇인지 고심해보지 않았다면 지금 당장 한번 실행해보라. 나를 알아가는 여행은 행복의 시작점이므로.

끊임없이 성장하는 삶을 살아간다는 것 。

우리는 엄마와 아빠의 수정에 의해 이 세상에 태어났다. 혹시 우리가 이 세상에 태어날 확률은 400만 분의 1이었다는 것을 아는가? 4만 분의 1도 아니고, 40만 분의 1도 아니고, 400만 분의 1의 확률로 세상에 태어났다. 그러니 우리 모두가 어찌 소중하지 않을 수 있겠는가. 우리는 눈에 띄게 차이가 나는 남자와 여자라는 것 외에도 정말 다양한 성격과 외모로 각자의 개성에 맞게 살아가고 있다. 이런 사람들이 어떻게 모두 다 같을 수 있겠는가?

우리는 살아온 과정, 외모, 체형, 나라 등등 다른 부분이 너무 많다. 사실이 그러하듯 나는 이 세상에 살고 있는 유일한 나라는 존재다. 그런데 그 사실을 잊은 채 다른 이들과 비교하는 데 시간을 보내면서 에너지를 낭비하며 살아간다.

다른 사람의 무언가가 나에게는 특별해 보일 수 있듯이, 나에게 쓸모없다고 생각하는 무언가가 남에게는 특별해 보일 수도 있다. 실제로 내가 생각하는 단점은 단점이 아닐 가능성도 아주 크다. 특히 나의 부모님이나 살아온 환경에 의해 생기게 된 단점들이 그러하다. 다행스럽게도 이런 단점들은 본인이 그렇다는 것을 인지하고 바꾸고 싶다는 생각을 하면 변화할 수 있다.

예를 들어 나는 남에게 싫은 소리를 잘 못했다. 그래서 하기 귀찮은 일들을 다 나에게 미루는 친구들에게 화가 나면서도 나의 불만을 한마디도 이야기하지 못하고, 오히려 나의 불만이 티가 날까 봐 걱정하곤 했다. 그런 내가 너무 싫어 변하고 싶었다. 그렇게 마음을 먹으니까 작은 일부터 조금씩 불만이 있으면 표현하기 시작했고, 지금은 그런 마음이 들기도 전에 그 씨앗이 자라게 두지를 않는다.

선천적으로 타고난 단점이라도 바꾸고자 한다면 어느 정도 개선이 가능하다. 단지 다른 사람들에 비해 시간과 노력이 많이 소요될 뿐이다. 그래서 실제로 굳이 치명적인 단점이 아니면 개선이 되기 전에 '나는 안 되는 사람인가 보다'라는 생각으로 포기하는 사람들이 많다. 그렇기 때문에 개선이 되지 않는 것이지 불가능한 것은 없다. 알람을 잘 듣지 못한다는 것도 그것을 인지하고 개선의 의지가 있다면 언젠가 변할 수 있다. 이 세상에 원래 그런 것은 없다.

사실은 다이어트의 필요성을 너무 잘 알고 있고, 많이 먹는다는 것도 알고 있지만 그것을 인정하기 위해 "저는 원래 물만 마셔도 살찌는 체질이에요"라는 핑계를 대는 것일 수도 있다. 그 말이 사실일 수도 있지만 정말로 내가 물만 마시면서 한탄하고 있는지 생각해보자. 운동은 하루에 얼마나 하며, 하루에 몇 칼로리를 섭취하고 있는지 확인해보자. 실제로 물만 마셔도 살이 찌는 체질이라 해도 당신이 인지하지 못하는 습관에 의해 살이 쪘을 가능성도 매우 크다. 이처럼 사실 나에게는 장점과 개선이 필요한 부분만 있을 뿐이다. 굳이 개선하고 싶지 않다면 고치지 않아도 좋다.

사는 데 지장이 없고, 다른 사람에게 피해만 주지 않는다면 사실 문제될 부분은 전혀 없다. 그리고 개선하기를 원한다면 스트레스 받지 말고 조금씩 변화해나가면 된다. 조금씩 변화하는 나를 보면 성취감도 느껴진다.

성장에는 항상 고통이 따른다. 예를 들어 날씬한 몸매를 유지하기 위해서는 야식의 유혹을 참는다거나 매일 하고 싶지 않은 운동을 해야 한다. 고생 끝에 낙이 온다고 그렇게 고통을 맞이한 자들만 목표했던 몸무게와 몸매를 가질 수 있다. 자격증을 따고 싶다면 드라마를 보고 싶은 유혹을 참는 고통과 매일 자고 싶거나 일찍 일어나고 싶지 않은 고통을 반복하면서 고통을 정면으로 이겨내야만 자격증을 손에 쥐는 승자가 된다.

그렇다면 성공하기 위해서, 부자가 되기 위해서, 돈을 많이 벌기 위해서는 어떻게 해야 할까? 나와 비슷한 처지에서 힘들게 성공의 길로 가게 된 사람들의 조언을 귀 기울여 듣고 실천하고, 부자들의 마인드도 공부하며, 사람들이 나의 서비스 혹은 제품을 기꺼이 구매하게 하려면 어떤 것들이 필요한지 알아야 한다.

신기하게도 성공과 부자와 돈은 거의 같은 성질을 가지고 있다. 성공한 사람들은 자연스럽게 부자가 되고, 돈이 따라 더 많은 돈을 벌게된다. 또 그렇지 못한 사람들은 성공을 꿈꾸고, 부자가 되고 싶고, 많은 돈을 벌고 싶지만 그에 걸맞은 노력을 하지 않는다. 그러면서 '부자들은 원래 집안이 부자일 거야', '성공하고 부자가 되면 뭐 좋은 게 있어?'와 같이 자신의 게으름을 합리화할 핑계를 대면서 고통을 피하고자 한다.

나도 이제껏 후자에 가까웠다. 나라고 고통을 피하고 싶은 생각이 들지 않았겠는가? 사람은 원래의 성질로 돌아가고자 하는 본능이 있다. 그렇게 살아가는 것이 가장 쉽고 편하다. 그럼에도 기꺼이 그런 나에서 벗어나기 위해 오늘도 부단히 노력 중이다. 그렇기에 당신도 마음만 먹는다면 할 수 있다. 그렇게 눈에 보이지도 않고, 멀게만 느껴지던 것들이 고통을 기꺼이 맞이하고 노력하다 보니 자연스럽게 더 나은 내 앞에 다가와 있다. 사람마다 기준이 다르겠지만 원래의 모습으로 돌아가려는 습성을 이기고 내가 오늘 할 일에 집중하며 조금씩 고통과 함께 노력하는 시간을 가진 결과 이루어진 현실이다.

아직도 내 말이 믿기지 않는다면 그것은 내 이야기를 믿지 않으려는 가장 합리적인 핑계일 뿐이라는 사실을 부디 인지하기 바란다. 가난한

집이 대대로 가난할 수밖에 없는 것은 부모님이 가난해서가 아니라 가난한 습관을 아이에게 대물림해주기 때문이라고 한다. 이런 대물림은 빨리 끊을수록 좋지 않은가? 우리에게는 아이를 지켜야 할 의무가 있고, 나를 행복하게 만들 권리가 있다. 이제부터라도 잘못된 대물림은 끊고, 좋은 습관을 대물림하는 선두주자가 되어보자.

'단단히 먹은 마음이 사흘을 가지 못한다'는 뜻의 작심삼일은 3일도 안 되어서 포기해버리는 다이어트나 금연같이 오랜 시간 꾸준한 노력이 필요한 일을 할 때 가장 많이 쓰이는 말이다. 사람은 원래의 습관대로 돌아가려는 본성이 있다고 했듯이, 내가 아무리 힘들게 마음을 먹었다고 하더라도 무너지기 쉽다. 그런 이유로 계획을 세우는 것조차 두려워하는 이들이 많다. 나 또한 그렇게 작심삼일도 잘 못하는 나에게 실망하는 날이 얼마나 많았는지 이루 다 말할 수 없다. 하지만 잘 생각해보면 작심삼일도 이틀은 성공한 것이다. 왜 우리는 이틀 동안이나 지킨 나에게 칭찬은 한마디도 하지 않고, 3일 만에 포기한 부분에 대해서만 자책하는가?

내가 만일 야식을 절대 안 먹겠다고 마음먹고 이틀 동안 야식을 끊었다가 3일째 되는 날 결국 참지 못하고 먹었다고 하자. 평소대로라면 무려 세 번이나 먹었을 야식을 한 번만 먹은 나는 살이 빠지기는 힘들어도 더 찌지는 않았을 것이다. 금연 또한 이틀 끊었다가 3일째 되는 날 결국 참지 못하고 피웠다고 하더라도 평소대로라면 3일 내도록 폈을 담배를 딱 하루만 피게 된 것이지 않은가?

매일 야식을 즐겨 먹던 사람이 갑자기 10kg 감량을 목표로 모든 음식을 끊고 운동까지 시작하는 게 얼마나 힘든 일인가? 매일 담배 한 갑을 피던 사람이 갑자기 하루아침에 뚝 끊는 것이 얼마나 힘든 일인가? 계획이 계속해서 작심삼일로 실패해버리는 이유는 나의 상황을 고려하지 않고 너무 무리한 계획을 세웠기 때문이다. 매일 지킬 수 있는 선에서 하나씩 개선해나간다면 더 이상 이런 일을 겪지 않아도 된다. 예를 들어 살이 너무 쪄서 고민이라면 매일 먹던 야식을 끊는 것만을 목표로, 매일 담배를 한 갑이나 피는 게 걱정이라면 하루에 반 갑만 피는 것을 목표로 시작해나간다면 실패할 일도 많이 줄어든다.

삶이 좌지우지될 만큼 무리한 계획을 세웠다가 쉽게 포기하지 말고, 일단 '내가 이 정도는 지킬 수 있겠다' 싶은 계획부터 세우고 실천해보자. 그러면 매 순간 계획을 달성했다는 기쁨과 그로 인해 실제로 나의 문제도 점점 해결되어갈 것이다. 솔직히 하루하루 살아가기 바쁜 지금 내가 작심삼일 계획을 결심한 것조차 칭찬받아 마땅하다.

이런 상황을 한번 가정해보자. 내일까지 제출해야 하는 과제가 있다. 오늘 밤에 마무리하려고 했는데 갑자기 정전이 되어버렸다. 그래서 과제를 기한 내에 제출하지 못했다. 그렇다면 이런 결과는 누구 탓일까? 갑작스럽게 정전이 일어났으니까 관리사무소 소장님 탓일까? 나는 늘 나에게 안 좋은 결과가 생기면 이처럼 다른 사람이나 환경을 탓하면서 살아왔다. 하지만 이 또한 결국 내 잘못이라는 것을 깨닫게 되었다. 사실 내가 미리 과제를 다 해놓았다면 정전이 되었더라도 기한 내에 제출할 수 있었을 텐데 차일피일 미루다 마지막 날 정전으로 인해 불가능해진 것이니.

당신은 지금 누구 때문에 이혼을 해서 혼자 아이를 키우고 있다고 생각하는가? 부모님? 남편? 시어머니? 아니다. 사실은 자기 자신 때문이다. 결혼에 대해 조금 더 알아보고 남편이 될 사람으로서 자격이 있는지 감정을 배재하고 냉정하게 바라보는 과정을 거치지 못한 탓이다. 그런데 실제로 싱글맘인 지금 자신의 처지를 부모님 탓으로 돌리는 경우가 많다. 나 또한 그렇게 살아왔다. 나의 잘못은 어디에도 없는 줄 알았다. 하지만 《10배의 법칙》이라는 책을 읽고 나서 큰 깨달음을 얻었다.

나는 과제를 제출하지 못한 것은 정전 탓이라고만 생각했고, 내 인생이 꼬인 건 다 엄마 탓이라고만 여겨왔다. 항상 이유는 다른 사람에게 있다고 생각했는데 실제로 그 안에 나의 노력이나 의지가 조금이라도 있었다면 나 스스로 그런 문제를 미연에 방지할 수도 있었을 것이다. 그래서 지금은 모든 일의 가장 큰 원인은 나에게 있다고 여긴다. 이는 자책감과는 다르다. 오히려 책임감이 강해졌다고나 할까? 내 인생에 일어나는 일들은 주변 탓, 환경 탓이 아니라 나의 판단이 잘못되었거나 내가 잘 선택한 결과라는 것을 인정한다.

아이를 키우는 엄마이기 때문에 다른 사람들보다 성공으로 가는 과정도 더 중요하다. 무턱대고 성공을 위해 나만 바라보아도 안 되고 아이와 균형을 맞추면서 조금씩 하나씩 시도하면서 천천히 가는 것이 좋다. 느리더라도 확실한 방법으로 성공을 향해 걸어 나간다면 아이도 엄마의 변화를 자연스럽게 받아들이면서 성장해가지 않을까?

그 누구보다 당신부터
행복하길 바라며

'내가 책을 쓰게 될 줄이야…….' 책을 쓰기 전에도, 쓰면서도, 다 쓰고 나서도 이런 생각이 머릿속을 떠나지 않는다. 아무도 나의 이혼을 예상하지 못했듯, 아무도 이혼 이후 내가 이렇게 책을 쓸 줄은 예상하지 못했을 것 같다. 나조차 그랬으니까. 정말이지 이혼을 하기 전에는 내가 이렇게 싱글맘들을 위한 학교를 세우게 될지도, 책을 쓰게 될지도 전혀 몰랐다. 이런 성장에 나도 놀랄 따름이다.

앞서 말했듯 나라는 사람은 이 세상이 색안경을 끼고 볼 만큼 원만한 악조건을 두루두루 가지고 있다. 그럼에도 긍정적으로 살고자 노력했고, 끊임없이 도전했다. 그러한 과정 중에 어떤 꿈은 이루기도 했고, 또 실패한 것도 있다. 하지만 과거에는 실패라고 여겼던 것들도 내가 생각 하나 바꿨을 뿐인데 모든 것이 성공을 위한 발판이었다고 느껴진다면 믿어지는가? 오늘도 견디기 힘든 일이 생겨서 우울하고 괴로운가? 그럴 때는 이렇게 외쳐보자. "그래, 소원이 이루어졌어!"

어쩌면 이 세상은 당신이 생각하는 것보다 훨씬 단순한 논리대로 움직일지도 모른다. 아무리 내가 열심히 살아간다 해도 분명 해결하기 힘든 역경이 있을 것이다. 어떻게 모든 일이 다 행복하겠는가. 하지만 나는 이미 행복하기로 결심했기에 모든 것을 긍정적으로 받아들이고 있다.

'나의 바람들은 반드시 모두 이루어져. 그런데 얼마나 더 좋은 일이 생기려고 나에게 이런 시련이 생기는 것일까?' 이렇게 생각한다. 힘들 때 잠시 주저앉더라도 다시 일어나 꿋꿋하게 앞으로 나아갈 생각이다. 누군가 '이혼은 자유를 얻는 일'이라면서 내가 부럽다고 했다. 나처럼 이혼을 한, 혹은 이혼을 앞둔 당신은 불쌍한 사람이 아니라 누군가에게는 정말 부러운 삶을 살고 있는 사람이라는 사실을 기억하기 바란다.

'연애는 자유롭게, 재혼은 신중히, 인생은 행복하게.' 이혼 이후 이것만은 꼭 지켜야 한다고 생각하는 나만의 모토다. 당신의 모토는 무엇인가? 앞으로 당신의 미래는 얼마나 멋지고, 당신은 얼마나 매력적이 되어갈까? 앞으로 당신은 얼마나 행복해지고, 미래에는 얼마나 부유해질까? 굉장히 기대된다. 누구에게도 털어놓을 수 없는 고민거리가 있다면 언제든지 〈싱글맘학교〉의 문을 두드려도 좋다. 당신을 도와주기 위해서, 더 나은 해결책을 제시하기 위해서 매일 노력하며 살아가고 있으니.

마지막으로 다시 한 번 말하지만 이혼을 하고자 하거나 이미 한 건 당신의 탓이 아니다. 나도, 우리 아이도 행복하게 살기 위해 노력하면서, 더불어 어딘가에서 힘을 내고 있을 당신과 당신의 아이가 누구보다 미소 짓길 기원한다.

내가 싱글맘이 될 줄은 정말 몰랐습니다

1판 1쇄 펴낸 날 2021년 1월 4일

지은이 김솔빈(솔선수빈)
펴낸이 나성원
펴낸곳 나비의활주로

책임편집 권영선
디자인 design BIGWAVE

주소 서울시 성북구 아리랑로19길 86, 203-505
전화 070-7643-7272
팩스 02-6499-0595
전자우편 butterflyrun@naver.com
출판등록 제2010-000138호
상표등록 제40-1362154호

ISBN 979-11-90865-16-6 03320